Goldmann RATGEBER

Band 10565

Howard Schulberg · Deine Katze und du

Zu diesem Buch

DR. MED. VET. HOWARD SCHULBERG ist einer der anerkanntesten amerikanischen Spezialärzte für Katzen. Seine Erfahrungen mit Krankheiten und ihrer Bekämpfung wie auch sein Wissen über Aufzucht, Pflege und Ernährung dieser Tiere wurden hier zusammengetragen. Wertvolle Ratschläge, die sich tausendfach bewährt haben, nützliche Tips, die Ihnen sagen, was zu tun ist, damit Ihre Katze so gesund und gepflegt wie irgend möglich ist.

Darüber hinaus erfahren Sie alles über das Wesen, die Eigenschaften, Eigenarten und Eigenheiten dieser gelegentlich störrischen, immer aber liebenswerten und ein wenig geheimnisvollen Hausgenossen.

HOWARD SCHULBERG
Mitarbeiterin: Virginia Biddle

Deine Katze und du

Das Handbuch der Katzenpflege

WILHELM GOLDMANN VERLAG MÜNCHEN

Titel der amerikanischen Originalausgabe:
The Care Of Your Cat
Ins Deutsche übertragen von Marga Ruperti

70510 · Made in Germany · I · 1110
Genehmigte Taschenbuchausgabe. Die deutsche Originalausgabe ist im Albert Müller Verlag, Rüschlikon-Stuttgart-Wien, erschienen. Umschlagentwurf: Ilsegard Reiner. Umschlagfoto: Ludwig Schuster. Satz und Druck: Presse-Druck, Augsburg. Verlagsnummer: 10565 · OR/pap
ISBN 3-442-10565-X

Inhalt

Niemand kann sich rühmen, eine Katze zu besitzen!

Wenn Sie sich eine Katze kaufen, lernen Sie sehr schnell, daß Sie dadurch keineswegs zu ihrem Besitzer werden, denn die Katze ist der gegenteiligen Ansicht: ihrer Meinung nach gehören Sie ihr!

Das kleine Kätzchen, dem Sie nicht widerstehen konnten, hat in Wirklichkeit von sich aus entschieden, daß es Sie »haben« wollte, noch bevor Sie Zeit hatten, darüber nachzudenken. Jedenfalls habe ich immer wieder festgestellt, daß Katzen etwas wie einen angeborenen Sinn zum Erkennen von Menschen besitzen, die sich für den Umgang mit ihnen eignen! Und jeder, der einmal von einer Katze bezaubert worden ist, lernt sehr geschwind, daß sich sogar Katzenkinder im Bruchteil einer Sekunde eine eigene Meinung bilden und danach handeln.

Typisch für jemand, der zufällig oder gewollt plötzlich zu einem von einer Katze »besessenen« Wesen geworden ist, war eine junge Frau, die voller Verwunderung und hilflos in meine Praxis kam, um sich beraten zu lassen, wie sie mit einem selbstsicheren kleinen Katzenungeheuer fertig werden konnte. Sie brachte zwei Buben und ein temperamentvolles junges Siamesenkätzchen namens Sammy mit, das im Augenblick schüchtern unter dem Mantel des einen Buben hervorschaute.

Wie sich ergab, war Sammy vor einer Woche von dem Vater der Knaben, einem Flugkapitän, aus dem heimatlichen Siam mitgebracht worden. Seit dem Tag seiner Ankunft hatten Sammys lustige Streiche und sein unbekümmerter Übermut die Familie im gleichen Maß entzückt wie erschreckt. Die Eltern hatten gedacht, ein Kätzchen würde ein hübsches, dekoratives und ergebenes Haustier sein, zufrieden, wenn es behaglich auf einem Fensterbrett oder am Ofen vor sich hinträumen konnte. Ihr stürmisches Katzenkind hatte jedoch sehr entgegengesetzte Ansichten entwickelt.

»Ist denn das Zusammenleben mit einer Katze immer so schwierig, Herr Doktor?« fragte Sammys neue mütterliche Pflegerin zaghaft. »Sammy miaut nicht einmal in normaler Weise. Er ›redet‹ sozusagen, und manchmal bringt er eine Art Gesang zustande, die Tonleiter hinauf und hinunter. Auch jault er und kratzt wie wild, bis wir ihm die Tür zu unserm Schlafzimmer öffnen und ihn bei uns im Bett schlafen lassen. Das ist bis jetzt jeden Abend so gegangen. Außerdem nagt er wollene Sweater an und jeden Lederschuh, den er erwischen kann. Ist das alles normal? Vielleicht ernähren wir das Kätzchen nicht richtig? Was sollen wir nur machen, daß es zu einer netten, erträglichen Hauskatze wird?«

Ich untersuchte den kleinen Wildfang und konnte ihr versichern, daß er ein sehr hübsches und gesundes Exemplar der reizenden Siamesenrasse war, die bekannt ist für ihre Verspieltheit, ihr ausgeprägtes Selbstbewußtsein und ihre geradezu menschlich zu nennende Lebensweise. Außerdem sind alle Katzen weitaus intelligenter, als die meisten Menschen glauben, und überdies viel pfiffiger als andere Haustiere, viel unabhängiger, vorsichtiger und charaktervoller.

Kinder müssen belehrt werden, daß beim Umgang mit Katzen Sorgfalt nötig ist, denn es ist leicht möglich, ein junges Kätzchen durch ungeschicktes Drücken oder Festhalten zu verletzen. Die Katze kennt den Unterschied zwischen der wirklich liebevollen Hand und dem groben Griff. Sobald eine Katze *fühlt*, daß sie in der Familie willkommen ist und geliebt wird, ist die Schlacht um ihre Eingliederung schon halb gewonnen. In diesem Fall waren die zahlreichen übermütigen Streiche eine durchaus normale Reaktion eines verwöhnten jungen Tierchens.

Bis sie mit etwa neun Monaten voll ausgewachsen sind, beweisen Kätzchen nun einmal die Neigung, alles anzuknabbern, was dazu geeignet ist. Wie alle Babys müssen sie mehrmals am Tag gefüttert werden. Und noch wichtiger ist, daß man Ordnung und Pünktlichkeit in ihrer Wartung einhält, daß man sie beaufsichtigt und sich ganz altmodisch-mütterlich ihrer annimmt. Ob sie später zutrauliche, liebevolle Katzen werden oder Haustyrannen, das hängt ganz von der Art der Behandlung ab, die man ihnen im Kindesalter angedeihen läßt.

Daß sie Ihre besten Pullover anknabbern, geschieht durchaus nicht aus Unart oder Bosheit; vielmehr besitzt weiches Material wie Wolle oder Nylon für fast alle jungen Katzen merkwürdigerweise eine verführerische Anziehungskraft. Meiner Meinung nach beruht das Herumbeißen auf Wolle und Nylon bei jungen Katzen auf demselben Trieb wie bei Menschenbabys das Daumenlutschen. Wolle scheint ihnen denselben Trost zu gewähren wie einem Kindchen sein Beißring. Auch Leder hat für alle jungen Tiere etwas Unwiderstehliches. Um sich vor Schaden zu bewahren, muß man junge Tiere eben immer im Auge haben und ihnen außerdem geeignetes Spielzeug geben, an dem sie ihre Zähne und Krallen üben können. Bis sie aus dem Beiß- und Nuckelalter heraus sind, dürfen weder Pullis noch Strümpfe, Wäschestücke oder Schuhe herumliegen, und es muß streng darauf geachtet werden, daß Schränke und Schubladen verschlossen sind.

Das sonderbare Singen des Siamkätzchens Sammy – die Tonleiter hinauf und hinunter – ist nur ein häufig beobachteter Versuch, die Aufmerksamkeit zu erregen. Es gibt viele Katzen, die man als ausgesprochen »redselig« bezeichnen könnte, denn sie versuchen mit verschiedenen Tönen im Umfang von zwei Oktaven klar zu machen, was sie ihrer Katzenmeinung nach von Dingen und Geschehnissen halten. Schade, daß ich meinen Lesern nicht vorführen kann, was manche meiner Patienten, die sich bereits auf dem Weg der Besserung und daher in der Rekonvaleszenten-Abteilung befinden, über ihre streng eingehaltene Diät zu »sagen« haben, jedesmal, bevor der Wärter mit der Schüssel kommt! Desgleichen habe ich festgestellt, daß erwachsene Katzen, die es gewöhnt sind, daß man mit ihnen spricht, in gutturalen, schnurrenden Tönen antworten.

Es mag ganz gut sein, daß wir nicht verstehen, was die uralte, weise Katzenrasse über uns menschliche Emporkömmlinge zu sagen hat. Die Katzen sind ja viel länger auf der Welt als wir Menschen, und sie sind im Lauf der Geschichte auf die verschiedenste Weise bald angebetet, bald verfolgt, einmal verwöhnt, einmal geschmäht, hier heiß geliebt und dort umgebracht worden von den Menschen, die früher mancherorts sogar an übernatürliche Kräfte der Katze glaubten.

Die überlegene tierische Klugheit ihrer Art hat den Katzen jedoch geholfen, alle Zeiten zu überdauern. Ein unbekannter Philosoph hat einmal gesagt, eine Katze wirklich zu kennen bedeute, sich selbst kennenzulernen, bedeute Würde, Selbstbewußtsein und Unabhängigkeit, alle die bemerkenswerten Charaktereigenschaften der Katze zu erwerben. Und somit heißt es, wenn man die richtige Freude und Verzauberung genießen will, die aus dem nahen Beieinanderleben mit einer Katze entsteht, zuerst einmal die Art von Persönlichkeit kennenzulernen, die man in ihr besitzt, oder richtiger: die uns besitzt.

Welche ihrer kennzeichnenden Eigenschaften haben beispielsweise besondere Bedeutung für den Menschen von heute, der in einer nervenaufreibenden Umwelt lebt? Welche Eigenschaften vermag die Pflege und Fürsorge für eine Katze bei beiden, dem Menschen und der Katze, auszubilden? Und die wichtigste aller Fragen im Hinblick auf ein glückliches Zusammenleben in Ihrem Heim: Was (und wer) ist eine Katze?

Vom Augenblick ihrer Geburt an ist jede Katze ein ausgesprochenes Individuum, in sich abgeschlossen, stolz (mindestens in den Augen der Menschen) und manchmal erschreckend eigenwillig.

Wenn Ihre Katze zum Beispiel der Meinung ist, sie müsse in Ihrem Bett schlafen oder auf der Lehne des Sofas im Wohnzimmer, bleibt Ihnen nichts anderes übrig, als nachzugeben oder die Katze auszusperren, denn Ihr Behaglichkeit liebendes und Wärme suchendes Haustierchen wird seine einmal gefaßten Beschlüsse *nicht* ändern. Schon von jung auf ist die Katze durchaus im-

stande, Ihnen die Stirn zu bieten und ihren Willen gegen den Ihren zu setzen, bis einer nachgibt – und das ist sehr selten die Katze. Darum sind Menschen, die mit Katzen leben (weil nämlich ihre Katzen gern mit ihnen leben, während sie sich andernfalls stillschweigend aus dem Staube machen), stets tolerante Seelen, denen die Einfälle ihrer Katzen Vergnügen bereiten.

Ein übergroßer gelber Kater, den ich immer wieder einmal von Verletzungen kurieren muß, die er sich beim Überklettern von Zäunen zugezogen hat, lebt bei einem überaus nachsichtigen Orchesterdirigenten. Der Kater trägt den Namen »Sebastian« nach dem Komponisten Johann Sebastian Bach. Er begleitet den Dirigenten an einer langen Lederleine zu seinen Proben und sogar zu Konzerten. Während der Proben verfolgt er die Geschehnisse im Orchester mit aufmerksamen Augen und Ohren von den Kulissen aus oder gar auf dem Podium, wobei sein langer gestreifter Schwanz im Takt mit dem Dirigentenstab des Maestros schwingt.

Sie mögen selbst schon beobachtet haben, daß die Rolle des Beobachters oder gar Aufpassers etwas wie die zweite Natur der Katzen ist. In der Tat kann man sich oft fragen, wer denn wen überwacht, denn die Katzen sind sozusagen geborene Aufseher, wenn man sie gewähren läßt. Die erste Lektion, wie man mit Menschen umzuspringen hat, erteilt ihnen schon die Katzenmutter, die durchaus selbständig und diktatorisch von sich aus entscheidet, *wo* sie ihre Kätzchen zur Welt bringen will – Sie können dagegen tun, was Sie wollen. Bringen Sie nach der Geburt die kleine Familie zwangsweise in die so sorgfältig von Ihnen vorbereitete warme Kiste – ein paar Stunden später werden Sie alle unweigerlich wieder im Kleiderschrank – oder wo immer die Jungen ihren Weg ins Leben angetreten haben – finden.

Wenn Sie ein wahrer Katzenfreund sind, werden Sie damit einverstanden sein, daß Ihre Katze spielt, wo es ihr gefällt, und nicht, wo Sie es haben wollen. Und Sie werden mit Gleichmut hinnehmen, daß die Katze im Gegensatz zum Hund nicht dazu veranlaßt werden kann, Kunststücke vorzuführen, wenn Sie Gäste haben, sondern daß sie im Gegenteil sehr angriffslustig werden kann, wenn man ihr zumutet, zur Unterhaltung beizutragen. Es gibt da eine alte Redensart: »Mache nie deinen Besuch auf deine Katze aufmerksam.« Jeder Katzenhalter wird wissen, wie richtig das ist.

Aus alledem ergibt sich, daß Katzen eigentlich gar nicht mit Menschen zusammenleben, vielmehr erwarten sie von ihrem hochmütigen und distanzierenden Standpunkt aus, daß der Mensch eine Möglichkeit findet, sich *ihnen* anzupassen. Ich habe oft in den Häusern meiner Freunde mit angesehen, wie deren Katzen fremde Menschen anfauchten. Daraus kann man schließen, daß viele Menschen für Katzen unannehmbar sind. Wenn demnach der eine Teil erzogen werden muß, mit dem anderen auszukommen, ist das vom Blickpunkt der von Natur egozentrischen Katze gesehen durchaus der lärmende, taktlose Zweibeiner.

Etwas, was jeder Katze zuwider ist, sind plötzliche laute Geräusche. Liebe und Zuneigung können bei einer Katze jedenfalls niemals durch Schelten, Drohungen, Bestechung oder das Versprechen einer Belohnung erzwungen werden. Nur mit Freundlichkeit, Geduld und Verständnis für ihre körperlichen und seelischen Bedürfnisse kann man ihre Liebe und auch die freilich sehr seltene Belohnung echter Ergebenheit gewinnen. Zu entsprechenden Gegendiensten – nämlich dem Mäusefangen, gelegentlichem Spiel und der Überwachung des Hauses – ist sie nur bereit, wenn sie echte Liebe und guten Willen, sie zu verstehen, bei ihren Menschen spürt. Da die Katze von Natur nicht dazu neigt, sich unterzuordnen, läßt sie sich nicht versklaven. Und das ist meistens der Hauptgrund, warum Menschen Katzen mögen oder ablehnen. Sie sind im Grunde unabhängig vom Menschen, besitzen in ungewöhnlichem Ausmaß die Fähigkeit, für sich selber zu sorgen, und sind daher geradezu ideale Haustiere in allen Fällen, wo die Umstände des betreffenden Haushalts mit ihrer Wesensart harmonieren.

Die Katze ist wählerisch und von Natur sauber; sie wird infolgedessen sehr leicht stubenrein. Desgleichen braucht man sich niemals Sorge zu machen, ob sie genug Auslauf hat, wie es übervorsorgliche Großstädter, die eine Rassekatze besitzen, oft tun. Niemand braucht seine Katze in Ermangelung eines Hofes an einer langen Leine in den Straßen spazierenzuführen. Es genügt, wenn die Katze in der Wohnung umherlaufen kann. Meistens lieben es Katzen durchaus nicht, wie Hunde hinausgeführt zu werden. Eine Ausnahme bilden nur die Siamesen. Freilich kann man jede Katze an eine Leine gewöhnen, und das ist sehr empfehlenswert, weil sich leicht einmal eine Situation ergeben kann, in der sich das als zweckmäßig erweist.

In einem späteren Kapitel werde ich dieses Thema des Auslaufs innerhalb des Hauses oder im Freien genau erläutern mit Bezug auf junge und alte sowie auf Katzen der verschiedenen Rassen. An dieser Stelle will ich nur die ängstlichen Katzenbesitzer darauf hinweisen, daß sie nicht zu befürchten brauchen, ihr Kätzchen könnte sich verlaufen oder zum Streuner werden, wenn es aus dem Haus gelassen wird. Katzen verschwinden nur, wenn sie sich nicht heimisch fühlen oder gestohlen werden. Tatsache ist, daß gefühllose Menschen, die versuchen, erwachsene Katzen auszusetzen, indem sie sie, viele Meilen vom Hause entfernt, irgendwo ihrem Schicksal überlassen, meistens zu ihrer großen Überraschung ihre Katze eines Tages wieder auf den Stufen ihres Hauses vorfinden.

Dieser erstaunliche Ortssinn der Katze ist auch den Wissenschaftlern bekannt. In unzähligen Fällen ist nachgewiesen worden, daß Katzen, die man sich selbst überließ, wenn ihre Familie in eine andere Gegend zog, es fertiggebracht haben, dieser Familie Hunderte von Meilen zu folgen, und zwar über weite, ihnen fremde Gebiete hinweg, ohne einen anderen Wegweiser als ihren angeborenen unerklärlichen Richtungssinn.

Dr. J. B. Rhine, ein berühmter Spezialist für Sinnes-Empfindungen an der Duke-Universität, erzählte zum Beispiel besonders gern die Geschichte des Katers »Cheshire«, der einem Armeesergeanten gehörte. Diese sonst in keiner Weise besonders bemerkenswerte Katze wurde in einem geschlossenen Behälter mit der Eisenbahn von Kokomo (im Staate Indiana) nach Atlanta (im Staate Georgia) geschickt, wohin der Sergeant mit seiner Familie versetzt worden war. Die Katze bevorzugte offensichtlich die freie, bäuerliche Umgebung, in der sie in Indiana gelebt hatte, gegenüber ihrer neuen Heimstatt, und so verschwand der heimwehkranke »Cheshire« bei der ersten sich bietenden Gelegenheit aus dem Haus in Atlanta. Etwa drei Wochen später waren die früheren Nachbarn in Kokomo baß erstaunt, als sie dieselbe, sehr leicht zu erkennende Katze in Indiana vor ihrem alten Heim wiederfanden. Sie hatte schätzungsweise mehr als 1000 km zurückgelegt, um an ihren alten Aufenthaltsort zurückzugelangen und an der alten Stelle im Stall wieder auf ihre Milch zu warten!

Im Gegensatz zu dem Glauben vieler Katzenfreunde können Katzen sehr wohl zu gewissen Tricks und Darbietungen abgerichtet werden. Geschickte und geduldige professionelle Abrichter verdienen damit im Zirkus oder im Varieté viel Geld. Genau wie bei Menschen spielt es dabei keine Rolle, ob es sich um Rasse- oder gewöhnliche Hauskatzen handelt.

Ein mir befreundeter Katzenkenner hat beispielsweise seiner schwanzlosen Man-Katze, die er im Abfallkorb auf einer U-Bahnstation gefunden und »Othello« genannt hat, beigebracht, nach Katzenweise zu Klavierbegleitung das Lied »Swannee River« zu trillern. Ein andrer meiner Freunde hat seiner mischrassigen Katze beigebracht, nach der Melodie »The Kerry-Dancers« einen lustigen irischen Tanz zu tanzen, während zwei schwarzweiße, in einer Stadtwohnung in Manhattan gehaltene Katzen namens »Fred Astaire« und »Arthur Murray« gelernt haben, in ihrem Mietshaus mit dem Aufzug hinunter und hinauf zu fahren. Sie schöpfen dann draußen nach Gefallen frische Luft und sind das

Erstaunen der Fahrstuhlführer, weil sie sich bei der Rückkehr nie im Stockwerk irren.

In diesem Zusammenhang fällt mir auch die schöne Perserkatze »Scheherazade« ein, die von klein auf zu meinen Patienten gehört. Um sie von den zweifelhaften Katzen der Umgegend fernzuhalten, ist der Bezirk im Garten, in dem sie spielen darf, sorgsam eingezäunt. Wenn sie genug Sonnenschein genossen hat, zieht sie an einer Klingelschnur, um wieder ins Haus gelassen zu werden.

Viele Mitglieder von Katzenklubs berichten, daß ihre Katzen ausgezeichnete »Wachhunde« abgeben, weil sie in drohenden Tönen miauen, wenn verdächtige Fremde ins Haus kommen. Wenn Katzenbesitzer beunruhigt oder traurig sind, so spürt das die Hauskatze sofort und zeigt ihre Teilnahme durch Liebkosungen und Anschmiegen. Bleibt ein Familienmitglied ungewöhnlich lange fort, so streicht die Katze oft ruhelos durchs Haus, bis alle wieder beieinander sind.

Sie empfinden ganz richtig, wenn Sie aus dem ernsten, unbeirrbaren Blick der Katze die Weisheit und Skepsis von Jahrtausenden herauslesen. Wenn eine Katze selbst einen König in dieser geraden, aufrechten Herablassung anstarrt, so kommt das vielleicht daher, weil in früheren Zeiten Könige Katzen mit Ehrfurcht und Ergebenheit angesehen haben, und weil die Katzen einstmals selber Könige waren in ihren Dschungelreichen.

Die Persönlichkeit der Katzen und die Eigenheiten ihrer Art sind nach den neuesten Forschungen der Archäologen das Ergebnis einer Entwicklung von einigen Millionen Jahren. Lange bevor die Vorfahren des Menschengeschlechts erstmals zu jagen begannen, waren die Vorfahren der heutigen Katzen bereits gewandte Jäger. Länger als 2000 Jahre vor Beginn der christlichen Zeitrechnung wurden die domestizierten ägyptischen Katzen angebetet als Boten der Götter oder gar als Verkörperung der Gottheit selbst. Sie genossen so große Verehrung, daß jeder, der eine Katze tötete, mit dem Tode oder lebenslänglichem Ker-

ker bestraft wurde. Eigene Tempel wurden den Katzengottheiten erbaut, und besonders hervorragende Katzen wurden mit denselben Ehren wie ihre Besitzer beerdigt, oft in mit Gold und Juwelen verzierten Särgen, die man bei Ausgrabungen gefunden hat.

Nach den Beschreibungen der Forscher glichen jene vorbiblischen ägyptischen Katzen in Farbe und Größe genau unsern getigerten grauen Hauskatzen. Zum Beweis dienen die Mumien einer halben Million Katzen, die die alten Ägypter alle auf ein und demselben Katzenfriedhof beerdigt haben.

In alten Zeiten zollte man den Katzen eine so große Verehrung, daß von einem Perserkönig erzählt wird, er habe eine Festung der Ägypter erobert, indem er seinem Heer Katzen in die Schlacht mitgab. Jeder seiner Krieger trug eine Katze im Arm; durch diese einfache List sollen die Perser die Ägypter ohne Blutvergießen besiegt haben, weil die Ägypter sich auf keinen Fall der irdischen wie der überirdischen Strafe aussetzen wollten, die sie nach ihrem Glauben getroffen hätte, wenn sie sich der Verletzung einer Katze schuldig gemacht haben würden.

Die römischen Krieger trugen später Katzenbilder als Embleme auf ihren Schilden, und in der Türkei strichen die königlichen Katzen durch die Marmorpaläste der Paschas und ihrer vielen Haremsschönheiten, als das Ottomanische Reich seine Blütezeit erlebte.

In den finsteren Zeiten der Religionsverfolgungen wurden die angeblich übernatürlichen Kräfte der Katzen unglücklicherweise als teuflisch und satanisch angesehen. Da sie häufig Lieblingstiere von Frauen waren, die als Hexen angeklagt wurden, sah man sie bald als Träger von Zauberkräften an. Als solche wurden sie von der abergläubischen und unwissenden Menge oft entsetzlich gequält.

Im Mittelalter hat man so einmal einen wegen Mordes Verurteilten zusammen mit vierzehn Katzen in einem Eisenkäfig langsam geröstet. In Schottland gab es bis vor noch gar nicht langer Zeit den Brauch, eine lebendige Katze als Glücksbringerin unter dem letzten Dielenbrett eines neuen Hauses einzumauern.

Erst anfangs des 17. Jahrhunderts kam die Katze in Frankreich bei Edelleuten und am Königshof als Symbol und Haustier wieder zu Ehren. Alle Schlösser und Landhäuser dieser Epoche wiesen kleine »Katzenlöcher« auf, die in die Verzierungen der Haustüren eingefügt waren und dazu dienten, den geliebten und geachteten Hauskatzen das Hinausgehen und Hereinkommen nach Belieben zu gestatten.

Heute nimmt die Katze eine gesicherte und hochgeschätzte Stellung in der Welt ein, als Haustier, als Mäusevertilger und als Kamerad des Menschen. Im Jahre 1960 schätzte man den Bestand an Katzen allein in den Vereinigten Staaten auf 28 Millionen, die Streuner in Stadt und Land nicht mitgerechnet. Sie verteilten sich auf 12 Millionen Haushaltungen, die teils eine, teils mehrere Katzen hielten und für deren Ernährung rund 60 Millionen Dollar ausgaben. Überall gibt es bei uns Katzenvereine und Katzenklubs, Katzenzeitungen und Katzenkliniken zu Nutz und Frommen der sogenannten Katzenbesitzer und ihrer Pfleglinge. Doch mir will es scheinen, daß man trotz dieser Fürsorge für die Katzen auch heute noch etwas nicht richtig einzuschätzen weiß, nämlich den seelischen Gewinn, den der Mensch im Umgang mit Katzen davonträgt. Klinische Tests und ebenso die persönlichen Beobachtungen berühmter Psychologen beweisen in zunehmendem Maße den günstigen Einfluß, den das Zusammenleben mit Katzen auf den überlasteten Menschentyp unserer Zeit ausübt. Manche erkennen sogar an, daß die Katze von sich aus etwas wie ein meisterhafter Psychologe ist. Und das einzige Honorar, das dieser Psychotherapeut in Ihren eigenen vier Wänden fordert, ist Liebe und Verständnis. Dafür lehrt Sie Ihre Katze, wie Sie besser und länger leben können, wie Sie die weise Philosophie des Leben-und-Lebenlassens und damit das friedliche

Zusammenleben mit beiden, Katzen wie Menschen, erlernen können.

Beobachten Sie einmal eine Katze, wenn sie über ein Problem »nachdenkt«. Sie wägt ihre Lage ab, berechnet ihr Wagnis und spart ihre Kraft auf bis zu der Sekunde, in der sie benötigt wird. Ein kaum merkbares Zucken ihrer Schwanzspitze verrät ihre Erregung, mehr nicht. Sie übt meisterliche Selbstkontrolle und kann uns lehren, unsere Kräfte erst in dem Moment einzusetzen, in dem es lohnt, und sie nicht in unwichtigen Kleinigkeiten zu verzetteln.

Oder beobachten Sie die vollständige, instinktive Entspannung einer schlafenden Katze. Daraus können Sie viel lernen von der Kunst, sinnlose Spannungen zu meiden. Jeder Arzt wird Ihnen bestätigen, daß restlose körperliche Entspannung hilft, den Geist zu erfrischen, desgleichen die Nerven- und Körperkräfte zu regenerieren. Jede Katze könnte Ihnen, wäre sie dazu fähig, bestätigen, daß häufig eingeschobene Minuten restloser Entspannung dem Unterbewußtsein die Möglichkeit geben, dem Bewußtsein die Lösung eines Problems zuzuleiten.

Ein mir befreundeter Psychologe, der an einer Klinik für geistige Gesundheit und Kindererziehung arbeitet, empfiehlt überarbeiteten Patienten häufig, mit einer Katze zu leben und sie zu beobachten. Bezeichnenderweise nennt er seine eigene Katze zuweilen »Freud«! Dieser Experte meint, daß das Zusammenleben mit einer Katze jeden, der über eine gute Beobachtungsgabe verfügt, lehren kann, wie man sich seine geistige und körperliche Gesundheit erhält. In seinen Kursen für Eltern und Lehrer führt er die Katze immer wieder an als ein Beispiel für friedliches Zusammenleben und nervenberuhigenden Einfluß. Er meint, durch das Beobachten der Lebensgewohnheiten einer Katze könne man von ihr lernen, seine Anstrengungen auf die wesentlichen Dinge des Lebens zu konzentrieren und die fröhlichen wie die schmerzlichen Dinge mit Würde und Ruhe zu ertragen.

Ahmen Sie die Katze nach in der Gleichschaltung der Spannung oder Entspannung der Muskeln und der Nerven! Wenn Sie sich dann nach wenigen Tagen nicht besser fühlen und auch nicht gesünder aussehen, dann irrt einer unserer bekanntesten Lehrer großer Broadway-Stars, denn sein Leitsatz zur Erringung von körperlicher Anmut und innerem Gleichmut lautet: »Macht es wie die Katzen!«

Einer unserer tüchtigsten Unternehmer befolgte diese Devise ebenfalls sowohl in seinem Leben wie bei seinen Geschäften, und zwar mit so großem Erfolg, daß sich auf beiden Ebenen alles für ihn zum Besten wandte. Er war einmal in einem Sommer allein und sehr niedergedrückt in seinem Hause zurückgeblieben. Seine Familie hatte er in die Ferien geschickt, und er versuchte inzwischen der Krise Herr zu werden, in der sich sein Unternehmen derzeit befand. Da stieg eines Tages ein großer getigerter Kater durchs Fenster zu ihm in seine Wohnung und machte es sich bei ihm gemütlich. Obwohl er völlig mit seinen eigenen Problemen beschäftigt war, fühlte er sich mehr und mehr von der Art der Katze fasziniert. Als der Sommer zu Ende ging, waren die beiden gute Freunde geworden, und der Mann hatte gelernt, wie eine Katze allein durch ihre gelassene, stille Gegenwart eine Atmosphäre des Friedens, der Würde und der Entspannung hervorzaubern kann. Indem er für die Bedürfnisse der Katze sorgte, wurde ihm allmählich klar, wie Menschen und Katzen die Freundlichkeit, die man ihnen zollt, vergelten. »Sie müssen wissen, daß dieser Racker von einer Katze ein geborener Diktator ist«, erzählt er jetzt gelegentlich amüsiert seinen Geschäftsfreunden. »Sie versteht es, ihren Befehlen mit einem einzigen Zucken ihrer Barthaare Geltung zu verschaffen, und nimmt es für selbstverständlich, daß alle im Hause ihr zu Diensten sind.«

Neben ihrer Fähigkeit, das menschliche Gewissen mit einem einzigen vorwurfsvollen Blick zu wecken, besitzen Katzen ein ungewöhnlich feines Wahrnehmungsvermögen für Spannungen und feindselige Stimmungen in ihrer Umgebung. Wenn ich einer

frohen und zufriedenen Katze begegne, so weiß ich, daß sie bei glücklichen, verträglichen Menschen lebt.

Das alte Sprichwort: »Wenn eine Katze auf deinen Schoß springt, so sei sicher, daß es nur geschieht, weil ihr der Fußboden zu kalt ist«, tut nach meiner Meinung der Katze bitter unrecht. Erstens einmal geht die Katze jedem aus dem Weg, dem sie nicht traut, und zweitens kann eine Katze eines der verspieltesten und zärtlichsten Geschöpfe dieser Welt sein. Jedoch ist jede Katze, wie ja auch jeder Mensch, eine in sich abgeschlossene Persönlichkeit. Wenn eine Katze Sie zum Freund wählt, so ist es Ihre Aufgabe, sie so gut, wie es irgend geht, verstehen zu lernen; nur dann werden Sie die volle Freude an dem Zusammenleben mit ihr erfahren.

Wer sich eine besonders nette Katze heranziehen will, muß fähig sein, auf ihre Eigenheiten einzugehen und ihr eine entsprechend verständnisvolle Pflege angedeihen zu lassen. In den folgenden Kapiteln will ich versuchen, Ihnen die wichtigsten Regeln dafür anzugeben.

Katzenfreunde sind besondere Menschen

Die Zeit, in der die vereinsamte alte Jungfer, welche sich eine Katze zur Gesellschaft hielt, die volkstümlichste Verkörperung des Katzenfreundes darstellte, liegt noch gar nicht weit zurück. Wenn Sie dagegen heutzutage in einer beliebigen Gruppe von Menschen anfangen von Katzen zu sprechen, werden Sie auf Anhieb einen oder auch gleich mehrere begeisterte Katzenhalter jedes beliebigen Alters finden, jedes beliebigen Geschlechts oder Berufs.

In dem kurzen Zeitraum von einem Menschenalter und mehreren Katzengenerationen hat sich die wunderbare Katze vom zwölften auf den zweiten Platz in der Beliebtheit als Haustier vorgeschoben. Und im Augenblick scheint es beinahe, als ob die Katze in dem Wettlauf um den ersten Rang um die Länge eines Schnurrhaars über den Hund siegen wird.

In meiner Eigenschaft als amtierender Tierarzt des »Tierschutzvereins von Greenwich«, übrigens der einzigen tierschützerischen Vereinigung in den USA, die sich ausschließlich mit Katzen befaßt, beobachte ich ebenfalls, daß die Katze als ideales Haustier von einer großen Anzahl berufstätiger Menschen wiederentdeckt worden ist, besonders von Schauspielern, bildenden Künstlern, Konzernleitern und Politikern. Die Länge der Liste von Berühmtheiten in jedem Zweig des Geschäftslebens und der Künste, die enthusiasmierte Katzenfreunde sind, ist eindrucksvoll. Auch die von der »Amerikanischen Katzengesellschaft e. V.« angeregte »Internationale Katzenwoche« findet jetzt auf der ganzen Welt immer stärkere Beachtung*. Diese »Woche« beginnt mit dem ersten Sonntag im November und wird alljährlich begangen, um die Katze zu ehren und die Katzen in aller Welt zu schützen, um weithin für die Katze zu werben, ihre Tugenden ins rechte Licht zu setzen und zu zeigen, wie wertvoll sie ist, sowohl als freund-

* Im deutschen Sprachgebiet hat sie meines Wissens noch keine Beachtung gefunden.
Anm. der Übersetzerin

licher Hausgenosse wie auch als nützliches Tier. Unsere Regierung nimmt alljährlich Beträge für den Unterhalt von Katzen in ihr Budget auf, die u. a. in den Druckereien und Lagerhäusern der Postbehörde gehalten werden, um Ratten und Mäuse zu bekämpfen. Die meisten Hotels, die Konservenfabriken, alle Lebensmittel verarbeitenden Betriebe und unsere Lagerhallen tun das gleiche, auch die Eisenbahnen und andere öffentliche Betriebe. Vor allem gilt das für die Schiffahrtsgesellschaften, die geradezu von Katzen abhängen, um mit der Rattenplage auf den Schiffen fertig zu werden, so daß alle großen Reedereien besondere Angestellte haben, die für die »beamteten« Katzen sorgen. Bei der Armee gelten die Katzen ebenfalls als unentbehrlicher Helfer. Kennzeichnend dafür ist, daß die Royal Air Force im Jahre 1954 zwei gute Mäusefänger mit dem Fallschirm über einer belagerten Festung in Nordmalaya abwerfen ließ, die das Lebensmittellager sauber halten sollten. Eine Eisenbahnlinie und eine Parfümfabrik führen die Katze als Schutzmarke, und in Inseraten, die Mode- und Luxusgegenstände anpreisen, wird sie ihrer eleganten Erscheinung wegen oft als Blickfang verwendet. Noch bedeutsamer ist, daß man neuerdings sogar einige Katzen zum Führen von Blinden ausgebildet hat.

Als Katzenliebhaber sollten Sie auch wissen, daß Ihre Fachbezeichnung »Aileurophile« lautet, während »Aileurophobe« das Gegenteil, nämlich einen Menschen, der sich vor Katzen fürchtet, bedeutet. Und da aus dem Fürchten nur zu leicht ein Hassen wird, wendet man diesen Ausdruck oft auch auf Katzenhasser an. Echte Aileurophobie ist eine nervliche Störung, eine Neurose, die ärztlich behandelt werden sollte; dagegen ist die eingebildete Furcht oder der Haß auf Katzen meistens durch Unwissenheit hervorgerufen, beispielsweise durch das verleumderische alte Ammenmärchen, Katzen bissen schlafenden Menschen die Gurgel durch. Viele dieser Katzenfeinde werden zu Katzenfreunden, sobald sie nur einmal eine Katze näher kennengelernt haben. Freilich gibt es auch Menschen, die an und für sich Katzen sehr gern um sich haben möchten, die jedoch gegen Katzen allergisch sind und sofort üble asthmatische Erstickungsanfälle bekommen, sobald sie in ihre Nähe geraten. Für diese Leute kann man leider nichts tun; man kann sie nur bedauern und – wenn sie zu Besuch kommen – die Zimmer gut lüften sowie die Katzen von ihnen fernhalten.

Unter den unzähligen berühmten Katzenfreunden in der Geschichte gibt es Dichter, Schriftsteller, Komponisten, Könige, Staatsmänner und Kirchenfürsten. Alle haben bezeugt, daß die Katzen auf sie beruhigende, der Inspiration förderliche und harmonische Wirkung hatten. Einer von ihnen, der Kardinal Richelieu, von Natur zu Melancholie neigend, hatte eine besondere Vorliebe für spielende weiße Kätzchen und trug oft eins von ihnen mit sich herum.

Andere Kirchenfürsten, deren besondere Liebe zu Katzen überliefert ist, waren Kardinal Mazarin, Kardinal Wolsey und die Päpste Leo XII., Gregor XV. und Pius IX. Auch Abraham Lincolns Liebe zu Katzen ist verbürgt. Seine miauenden Freunde durften frei im Weißen Haus herumlaufen. Von großen Männern auf dem Gebiet der Literatur, die bezeugt haben, daß der Umgang mit Katzen ihrem Schaffen förderlich war, nenne ich zunächst Victor Hugo, Horace Walpole, Mark Twain und Dr. Samuel Johnson, der einmal von seinem besonderen Liebling schrieb: »Hodge ist verrückt nach Austern.« Auch Montaigne, Alexander Gray, Pierre Loti, Colette und Carl van Vechten gehören zu den Schriftstellern, die stets Katzen gehalten haben. Ernest Hemingway hielt auf seiner Farm in Havanna mehr als fünfzig Katzen. Viele andere Autoren, mit denen ich gesprochen habe, berichteten mir, daß Katzen sie viel gelehrt hätten im Hinblick auf die Zeichnung von Charakteren. Da man beim Schreiben gewöhnlich allein ist, gewährt die stille Gesellschaft einer Katze vielen Schriftstellern eine lautlose Erheiterung, ohne den Gang ihrer Gedanken zu unterbrechen.

Als Katzenfreund befinden Sie sich auch in der guten Gesellschaft vieler bekannter Schauspieler und Politiker unserer Tage. Liest man die Mitgliederlisten unserer großen Katzenklubs durch, so findet man eine ähnliche Sammlung bedeutender Namen wie in »Who's Who«.

Auf alle Fälle sind Katzen letzten Endes immer so etwas wie Vermittler geistiger und körperlicher Gesundheit, mögen sie berühmten Leuten gehören (oder vielmehr diese ihnen!) oder Dienst in Industriebetrieben oder auf Farmen versehen. Viele Kinderschwestern halten ein Katze, um ihre kleinen Schützlinge, die nicht essen wollen, durch Beobachten eines sanften, heiteren Tierchens abzulenken und zu erfreuen. Auch sonst ist die Katze als Heilfaktor eine durchaus gewohnte Erscheinung bei unsern ehrenamtlichen Helfern in der Katzenliga. Es kommt täglich vor, daß ein verwaistes Kätzchen jemandem »verordnet« wird, um ihm das Gefühl der Vereinsamung zu nehmen oder Genesenden wieder Lebensfreude zu vermitteln.

Da lebte zum Beispiel ein blasser, durch die Folgen der Kinderlähmung verkrüppelter zwölfjähriger Junge in einer lichtlosen Stadtwohnung. Er hatte jedes Interesse am Leben verloren. Als ihn die Krankenschwester zum ersten Mal besuchte, fand sie ihn apathisch und unzugänglich allein in seinem Bett vor. Die Mutter mußte außer Haus arbeiten, um den Lebensunterhalt zu verdienen. Er machte weder die vom Arzt vorgeschriebenen Übungen, um seine Muskeln wieder zu kräftigen, noch kümmerte er sich um die Schularbeiten, die ihm aufgegeben worden waren. Weder die Bemühungen der Krankenschwester, noch die freundliche Nachbarin, die ihm während der Abwesenheit seiner Mutter die Mahlzeiten bereitete, vermochten ihn aus seiner Lethargie aufzurütteln. Er hielt das Leben für hoffnungslos und nicht der Mühe wert. Zum Glück für den Jungen war die Krankenschwester eine kluge, erfahrene Frau. Als sie an einem Schaufenster vorüberkam, in dem unsere Katzenliga mehrere fröhlich spielende junge Kätzchen ausgestellt hatte, kam ihr plötzlich die Idee, ob so ein harmlos-vergnügtes kleines Lebewesen nicht genau das Richtige sein könnte, um den armen gelähmten Jungen zu beschäftigen und ihm wieder Mut zum Leben zu geben. Ihrem Impuls folgend, trat sie in den Laden und wählte ein grauweißes Kätzchen mit zärtlichen Augen in dem kleinen Gesichtchen und gerade soviel seidigem Flaum im Fell von irgendeinem reinrassigen Angora-Vorfahren, daß der Name »Fuzzy« (frei übersetzt »Flaumbällchen«) zu ihm paßte.

Von der ersten Minute seiner Ankunft an nahm das Tierchen wie selbstverständlich Besitz von seiner neuen Umgebung – unter Einbeziehung des Bettes des gelähmten Buben. Und es dauerte nur wenige Tage, bis der Junge aufstand und an seinen Krücken umherhumpelte, um seinen kleinen Freund zu versorgen. Durch die neue Aufgabe angeeifert, übte er jetzt seine bis dahin verkümmernden Muskeln, und seine Genesung machte rasche Fortschritte. Erst mußte er für Fuzzy ein Bettchen nahe dem seinen herrichten, und dann ergab sich jeden Tag etwas, was ihn zu den so notwendigen Bewegungen veranlaßte. Kurz, unsere Katzenliga konnte den vielen bereits vorhandenen guten Erfahrungen mit Kranken und Katzen bald eine neue glückliche Geschichte hinzufügen.

Andere Katzen, die ich kennenlernte, waren selbst ausgezeichnete Krankenpflegerinnen. Eine in dieser Hinsicht besonders talentierte hieß »Rex« und gehörte einem Drogisten. Dieser, ein Katzenfreund von echtem Schrot und Korn, wurde schwer krank, und Rex blieb beharrlich an seinem Bett, mit größtem Ernst darauf bedacht, daß der Kranke pünktlich seine Medizin einnahm. Alle vier Stunden sollte er eine Tablette schlucken, und wenn die Zeit um war, der Kranke aber gerade schlief, so weckte ihn Rex, indem er an seiner Nasenspitze knabberte und dann zum Vergnügen der Familie abwartete, bis der Patient seine Pille geschluckt und das Licht auf dem Nachttisch wieder gelöscht hatte.

Auf derselben Linie liegt der Schutztrieb und ganz besonders der Muttertrieb weiblicher Katzen, den sie sehr oft auch Menschen oder anderen Tieren gegenüber betätigen. Es ist bekannt, daß Katzen schon Kaninchen, Küken und in zahlreichen Fällen junge Hunde adoptiert haben. Philip Hurn, ein bekannter Erzähler von Katzengeschichten, berichtet von drei Schiffskatzen, die in gemeinsamer Anstrengung einen jungen Hund aufzogen. Diese Katzenfamilie beobachtete er auf einer Schiffsreise nach Boston vor einigen Jahren. Sie bildete den Hauptgesprächsstoff für alle Passagiere. Bis das Schiff an seinen Bestimmungshafen gelangte, war der Hund mit seinen an Bord gefundenen Freunden so restlos vertraut, daß er sich wie eine Katze benahm. Um dieses seltsame Phänomen zu testen, arrangierten einige Passagiere ein Zusammentreffen des Hundes mit einem auf dem gleichen Schiff reisenden Schäferhund. Alle staunten, als der von Katzen großgezogene junge Hund auf seinen Rassegenossen mit einem Buckel und fauchenden Lauten reagierte, worauf sich der verdutzte Schäferhund diskret zurückzog.

Daß es viele Katzennarren gibt, die große Summen für ihre Lieblinge ausgeben, ist aus vielen Zeitungsnotizen bekannt. Ich selbst kenne ein New Yorker Mannequin, das seine Perserkatze in einem extra angefertigten, mit Atlas ausgeschlagenen Handkoffer mit zur jeweiligen Arbeitsstätte nimmt. Und es gibt eine ganze Menge Katzen in den Staaten, von denen erzählt wird, daß sie juwelenbesetzte Halsbänder tragen. Aber das sind Dummheiten reicher Leute, die ihr Geld nicht richtig anzuwenden verstehen. Dagegen begreife ich durchaus, daß wohlhabende Katzenliebhaber oft große Beträge hinterlassen, um für ihre Katzen zu sorgen. Andere bedenken in ihrem Testament Katzenklubs, um so ihrer Dankbarkeit für das, was ihnen Katzen bedeutet haben, Ausdruck zu geben. Vor einigen Jahren bestellte eine wohltätige Dame ein Treuhänderkomitee, das nach ihrem Tode ihre drei Katzen aus einem namhaften Fonds versorgen mußte. Selbst wertvolle Liegenschaften, darunter guteingerichtete Häuser mit Personal, sind schon von reichen Erblassern ihren geliebten Katzen testamentarisch vermacht worden.

Noch schöner finde ich es aber, wenn Katzenfreunde ihre Begeisterung für Katzen nicht durch Geld, sondern durch beherztes Zupacken bezeugen. So hat die Witwe eines bekannten Komponisten in Brooklyn beispielsweise ihr Haus und ihren Garten zu einer Pension für arme heimatlose Katzen gemacht. Nach kürzlich eingegangenen Berichten verköstigt sie derzeit fast 50 hungrige Gäste, die sie in elektrisch heizbaren Packkörben unterbringt, die ihre »Hotelzimmer« darstellen. Wird einer ihrer Gäste krank, bekommt er jede nur mögliche Pflege, und wenn sie einen ihrer Freunde dazu bewegen kann, eine dieser heimatlosen Katzen zu adoptieren, so gibt sie ihr warme Segensworte mit auf den Weg.

Man braucht nicht besonders darauf hinzuweisen, daß die genannten Fälle Ausnahmen sind. Von der Katze aus gesehen kommt es nur darauf an, ob die ihr bewiesene Zuneigung echt und von Dauer ist. Die Katze mit ihrem großen Feingefühl weiß sehr genau, ob es sich nur um gespielte oder wirkliche, von Herzen kommende Zuneigung handelt. Wie die meisten höheren Tiere vergilt sie wahre Liebe mit unbedingter Anhänglichkeit und Kameradschaft, ganz gleich, ob man sie für einen mehr oder minder hohen Preis gekauft oder sie als armen Streuner in der Straße aufgelesen hat.

Prinz oder Bauer?

Genau so wie es Menschen aller Art gibt, genau so gibt es sehr unterschiedliche Katzen. Um es exakt auszudrücken: Noch heute bevölkern 51 verschiedene Katzenarten – Vertreter der Familie »Felis«, wie die Zoologen sagen – die Dschungel und Wüsten, die Gebirge und – unsere Häuser und Straßen. Ihre Größe variiert von der ihres »Königs«, des Afrikanischen Löwen (Felis leo), bis zu der winzigen rotgetupften Indischen Katze. Über den Ursprung der Katzen – ihre Vorläufer in der Entwicklungsgeschichte – sind sich die Gelehrten bis heute noch nicht einig.

Es besteht jedoch kein Zweifel, daß die Hauskatze berühmte Vettern in allen Teilen der Welt besitzt, mit der einzigen Ausnahme der Polargebiete. Zu ihnen gehören die Tiger, die Leoparden, der südamerikanische Puma, der Jaguar, die Zibetkatzen, die gefleckten Malayakatzen, die hochbeinigen Kaffernkatzen, die chinesischen Fischerkatzen und selbstverständlich die Wildkatzen, welche ihren Namen bekommen haben, weil selbst ihre Jungen unzähmbar sind, obwohl sie der gestreiften grauen Hauskatze in manchem sehr ähnlich sehen.

Ganz im Gegenteil dazu sind die Vorfahren der Hauskatzen, mit denen wir umgehen, wohl von jeher freundliche, umgängliche Kreaturen gewesen, die sich freiwillig mit anderen wildlebenden Arten vermischt haben. Ich bin sicher, daß die stets vorausgesetzte Abneigung der Katze gegenüber dem Hund in der Hauptsache aus dem Erschrecken der Katze vor unerwartetem Lärm und unerwünschter Annäherung herrührt. Denn wenn eine Katze einem Hund begegnet, der sich so benimmt, wie es bei der Katze als sich von selbst verstehendes gutes Betragen vorausgesetzt wird, ergibt sich meistens zwischen beiden Freundschaft. Das zeigt mir immer wieder unser guter »Charly«, ein Kater, der sich für alle Vorgänge in meiner Klinik verantwortlich fühlt.

Er ist grau getigert und wurde von seinem Besitzer seinerzeit so krank bei uns eingeliefert, daß der Mann uns bat, ihn einzuschläfern. Nachdem wir ihn drei Tage behandelt hatten, schien es ihm besser zu gehen, und so ließ ihn einer unserer Helfer im Hof frei, worauf er sich schnell erholte. Das liegt jetzt fünf Jahre zurück. Charly lebt seitdem bei uns sehr glücklich und verdient sozusagen seinen Lebensunterhalt, indem er uns bei der Wartung schwieriger Hunde hilft. Wenn der betreffende Hund nämlich freundlicher Wesensart zu sein scheint, aber gegen das Kämmen, Scheren oder Trimmen Abneigung bekundet, zögert Charly nicht, auf den Arbeitstisch hinaufzuspringen und den Pudel, Schnauzer, Terrier oder wer immer gerade behandelt wird, zu trösten und zu beruhigen. Die Zwischenzeiten verbringt er zu einem guten Teil bei den Rekonvaleszenten in der Krankenstube.

Ich bin durch dergleichen Beispiele zu dem Schluß gekommen, daß die Geschichten von bösartigen und angriffslustigen Katzen zum großen Teil erfunden oder übertrieben sind. Wenn Ihre Katze mit anderen vierfüßigen oder befiederten Hausgenossen nicht auskommt, so dürfen Sie nicht immer alle Schuld nur bei der Katze suchen.

Entgegen der Überzeugung der Vogelfreunde ist eine Katze an Vögeln in der Hauptsache allein wegen ihres Flatterns und ihrer geschwinden Bewegungen interessiert. Wenn sie nicht bittersten Hunger leidet, wird keine selbstbewußte Katze einen Vogel mit der Absicht, ihn zu töten, angreifen, sogar nur sehr selten in diesem Fall, wie Beobachter, die von der Amerikanischen Katzenvereinigung ausgeschickt worden sind, festgestellt haben. Ihr im Jahre 1955 verfaßter Bericht ergab, daß in den Mägen von 193 auf den Autobahnen getöteten Katzen kein von Vögeln stammendes Fleisch und keine Federn vorhanden waren.

Dasselbe bezeugt ein anderer verbürgter Bericht, den wir vor ein paar Jahren von einem Kanarienvogelzüchter aus New Jersey erhielten. Er hatte eine Katze ins Haus genommen, um der Mäuseplage Herr zu werden. Diese erfüllte ihre Aufgabe zu seiner größten Zufriedenheit und pflegte auf seiner Schulter zu sitzen und friedlich zuzuschauen, wenn er von Käfig zu Käfig ging, um seine Hunderte von Vögeln zu füttern. Den Vogelfreunden sollte klar gemacht werden, daß weit mehr freilebende Vögel (und gleichfalls sehr viele Katzen) an Vergiftung durch die gegen Pflanzenschädlinge ausgesprühten Insektenvertilgungsmittel eingehen, weil damit auch das Gras und das Trinkwasser in weitem Umkreis vergiftet werden.

Selbstverständlich ist die Katze ihrer Natur nach ein Jäger. Sie hat von ihren Vorfahren alle zur Jagd erforderlichen Anlagen wie Instinkt und Körperkonstitution geerbt. Allen Züchtungsversuchen zum Trotz lebt die ursprüngliche Katze in allen Schlägen und Unterarten fort – vielfach zur Enttäuschung mancher Züchter von märchenhaften Ausstellungskatzen, die die Aristokraten der Katzenwelt sind.

Die Hauptmerkmale der ursprünglichen Katze sind unleugbar die Fellzeichnungen wie Streifen, Striche, Ringe sowie die grünen Augen. Selbst bei hochgezüchteten Katzen treten diese Merkmale gelegentlich wieder hervor als grünumränderte Augen oder schwach wahrnehmbare Streifen im Fell, am Kopf oder an den Beinen – stets als ärgerliche Fehler von den Richtern gerügt und nur durch sorgfältige Zuchtwahl allmählich zum Verschwinden zu bringen.

Dem Durchschnitt der Katzenhalter sind diese Rückschläge allerdings eher ein interessanter Faktor mehr, sich die lange Geschichte ihrer Herkunft zu vergegenwärtigen. Die englische Bezeichnung »Tabby« für gestromte Katzen hat ihren Ursprung in dem türkischen Wort »Atabi«, das selbst eine bunte Geschichte hat. In einer besonderen Straße in Bagdad, die »Atab« hieß, wohnten früher berühmte Seidenweber, die Katzen hielten. Für ihre Erzeugnisse – die »Atabi«-Seide – waren die zarten, schönen Zeichnungen charakteristisch, die denen glichen, die das Fell ihrer Katzen aufwies. Nach dieser »Atabi«-Seide nannten die Engländer die gestromten Katzen »Tabbies«.

Obwohl es heute rund 30 Varietäten reingezüchteter Katzen

mit genau festgelegten Rassekennzeichen gibt, anerkannt in England vom »Governing Council of Cat Fancy in Great Britain«, in Amerika von der »American Cat Association« und von der europäischen Dachorganisation FIFE (Fédération Internationale Féline d'Europe), hält die ursprüngliche gestromte oder getigerte Katze nach wie vor die Spitze als Lieblings-Haustier in aller Welt. Ob innerhalb, ob außerhalb des Ausstellungsringes: die gewöhnliche kurzhaarige Tigerkatze übt in ihren ungezählten verschiedenen Erscheinungen eine nie aufhörende, faszinierende Anziehungskraft auf Katzenliebhaber aus, gleichviel ob ihnen die Ausstellungsrichter zustimmen oder nicht.

Vielleicht hat Ihre Katze, die möglicherweise ganz anders aussieht als jede andere, die Sie kennen, Zeichen von sehr interessanten Kreuzungen ihrer Vorfahren an sich. Aus diesem Grund, und weil der durchschnittliche Katzenfreund durchaus kein professioneller Katzenzüchter ist oder werden will, gebe ich im folgenden eine Aufstellung der wichtigsten reinblütigen Züchtungen, nur damit Sie einen Begriff bekommen, worauf Sie bei Ihrer Katze achten müssen, gleichviel ob es sich um eine Rassekatze handelt oder nicht.

Rassekatzen werden in zwei Hauptgruppen eingeteilt, nämlich 1. Langhaarige, auch Perser-, früher Angora-Katzen genannt; 2. Kurzhaarige, wobei man die reingezüchteten »Europäisch Kurzhaar« (in Amerika »American Shorthair«, in England »British Shorthair«) und die »ausländischen« Kurzhaarkatzen unterscheidet – zu letztgenannten gehören die Siamesen, Abessinier, Havana-, Burma-, Russischblau-Katzen sowie die schwanzlosen Man-Katzen (Manx) und die gelockten Rex-Katzen.

Für Langhaarkatzen und Europäisch Kurzhaar gelten gleichermaßen folgende Zuchtfarben für Fell und Augen.

Weiß: Schneeweiß. Augen: Tiefblau oder tieforange.

Schwarz: Am ganzen Körper tiefschwarz. Augen: Kupfer- oder orangefarben.
Blau: Pastellfarbener Blauton. Augen: Kupfer- oder orangefarben.
Rot: Klare, gleichmäßige Färbung ohne Schattierung. Augen: Kupfer- oder orangefarben.
Creme: Eine gleichmäßige, zart sahnefarbige Tönung. Augen: Kupfer- oder orangefarben.
Chinchilla: Nur Langhaar. Blasse Silberfarbe ohne jedes Abzeichen. Augen: Grün.
Smoke: Nur Langhaar. Rauchgrau mit Schwarz schattiert, Unterhaar hell, schwarze Abzeichen, mit silberner Halskrause und silbernen Ohrpuscheln. Augen: Hell kupferfarben.
Red Tabby: Rote Grundfarbe mit dunkelroten Abzeichen. Augen: Kupfer- oder orangefarben.
Silber Tabby: Blasses Silber mit kräftigen schwarzen Abzeichen. Augen: Grün.
Braun Tabby: Falb = erdfarben, tiefschwarze Abzeichen. Augen: Kupfer- oder haselnußfarben.
Schildpatt: Schwarz, orange und cremefarben gescheckt. Nase: Halb schwarz, halb orange, »blaze« (geflammt) genannt. Augen: Kupfer- oder orangefarben.
Schildpatt mit Weiß: Vierfarbig gescheckt – schwarz, orange, creme, weiß. Augen: Kupfer- oder orangefarben.
Blau-Creme: Blaugraues und cremefarbenes Haar gleichmäßig gemischt zu Pastellton. Augen: Tief orange- oder kupferfarben.

Zusätzlich zur Tabby-Musterung (= gestromt) gibt es bei den Europäisch Kurzhaar-Katzen noch gestreifte (getigerte) und getupfte (=spotted) Zeichnungsmuster.

Unsere Richter urteilen bei den Langhaar-Katzen nach folgendem Standard bezüglich der Körperbeschaffenheit:
Kopf: Groß und rund. Breiter Abstand zwischen den kleinen, mit Haarbüscheln geschmückten Ohren. Volle Backen. Kurze,

breite Nase. Große, leuchtende, weit auseinanderstehende Augen.
Körper: Kurz und gedrungen. Kurze Beine. Gutentwickelte Knochen. Schwanz buschig ohne Krümmung und Knoten.
Gliedmaßen: Kräftig. Beine gerade, Pfoten rund.
Fell: Dicht behaart, mit längerem Haar im Genick und an den Schultern (soll eine Halskrause oder »Mähne« bilden).
Fehler: Übergroße Spitzohren. Zu langer Körper. Kleine, tiefliegende Augen. Lange Nase. Zusammengedrückte Schnauzenpartie. Auswärtsgebogene Pfoten. Zu lange, gekrümmte Beine. Knotiger Schwanz.

Standards und Fehler für Europäisch Kurzhaar sind praktisch dieselben wie bei den Langhaar-Katzen.

Hingegen gelten andere Standards für die ausländischen Kurzhaar-Katzen. Die Richter legen in bezug auf die Körperbeschaffenheit folgende Maßstäbe an.
Kopf: Lang (nur bei Burma und Russischblau kurz) und keilförmig. Sich verschmälernd auf das mandelförmige, feingeformte Maul zu. Große Ohren, von der Basis an stehend.
Körper: Mittelgroß, lang und schlank.
Gliedmaßen: Gerade, dünn und lang. Ovale Pfoten.
Schwanz: Dünn und spitz zulaufend wie bei einer Peitschenspitze.
Fell: Kurz, dicht anliegend (bei Rex-Katzen gewellt oder gelockt).
Fehler: Zu gerade und zu tief angesetzte Ohren. Zu langhaariges Fell. Gedrungener Körper.

Im großen und ganzen gilt diese Klassifikation für alle Vertreter dieser Gruppe mit Ausnahme der Man-Katze.

Die *Man-Katze* stammt von der englischen Insel Man. Sie besitzt keinen Schwanz; vielmehr befindet sich seltsamerweise am Ende der Rückenwirbel, wo normalerweise der Schwanz beginnen müßte, eine Vertiefung (nicht Reinrassige weisen oft kleine oder größere Schwanzstummel auf). Die Hinterbeine sind erhöht, wodurch sich ein hüpfender Gang ergibt. Der Körperbau ist mittelkräftig, der Kopf groß und rund, die Nase länger, als die einer Langhaar-Katze, und das Fell ist sozusagen »doppelt«, da es über dichter Unterwolle längeres Oberhaar aufweist.

Die Farben der Man-Katze sind die gleichen wie bei Europäisch Kurzhaar-Katzen.

Hinsichtlich Farbe haben die einzelnen Rassen folgende Kennzeichen.

Siamkatzen: Die ersten Siamesen, die ihre Heimat verließen, waren Geschenke an adlige Engländerinnen und Diplomaten. Diese Katzen werden oft die »Königlichen Siamkatzen« genannt, und man könnte sagen, daß sie selber in der Welt der Katzenfreunde die Rolle von Aristokraten spielen. Von allen reinrassigen Katzen sind sie wohl die beliebtesten und zahlreichsten. Es gibt unzählige Bücher, die begeisterte Siamesenfreunde geschrieben haben. Bei den Siamkatzen unterscheidet man vier Hauptarten, nämlich: 1. Seal-Pointed, bei denen Maske, Ohren, Pfoten und Schwanz schwarzbraun sind, während der Körper hell-cremefarben ist; 2. Blue-Pointed, mit weißem Körper, und was bei den Vorgenannten schwarzbraun ist, ist hier blaugrau; 3. Chocolate-Pointed, Körper elfenbeinfarben, Abzeichen milchschokoladefarben; 4. Lilac-Pointed oder Frost-Pointed, mit weißem Körper und rosig-grauen Abzeichen. – Die Augen sind in jedem Fall von leuchtendem Blau. Siamesenkätzchen werden übrigens weiß geboren, die dunklen Abzeichen treten erst nach und nach hervor.

Abessinierkatzen: Ausgesprochen fremdländischer Typ. Sie ähneln den alten heiligen Katzen Ägyptens. Die Farbe ihres Fells ist entweder wildfarben (Normalfarbe) oder rot, ohne Zeichnungsmuster; jedes einzelne Haar soll bei wildfarbenen von Dunkelbraun bis zur schwarzen Spitze schattiert sein, bei roten dunkelrot schattiert. Die Augen sind groß und haselnußbraun, gelb oder grün.

Havanakatzen (Kastanienbraune): Diese neue Züchtung gleicht den Siamesen sehr. Das Fell ist gleichmäßig einfarbig leuchtend kastanienbraun. Nase, Lippen und Schnurrhaare haben dasselbe Braun, die Augen sind grün. Junge Kätzchen zeigen manchmal eine leichte Streifenzeichnung, die jedoch später verschwindet.

Burmakatzen: Die Burmesen gehören zu den freundlichsten Katzen, die wir kennen; sie sind besonders sanft und werden kaum je nervös. Sie sind dunkelbraun, zum Bauch hin etwas aufgehellt, Ohren und Maske etwas dunkler, und haben gelbe Augen. Es gibt auch silbrig blaugraue Burmesen, ebenfalls mit gelben Augen.

Russischblaue Katzen: Sie werden oft auch Malteserkatzen genannt. Das Fell ist gleichmäßig blaugrau, silbern schimmernd, und sehr dicht, die Augen sind grün.

Rex-Katzen: Sie haben ein besonderes Merkmal, das gewellte oder lockige (aber kurze) Fell. Man findet die verschiedensten Farben und Zeichnungsmuster.

Ich finde häufig sowohl Klienten meiner Klinik wie auch sonst durchaus gutunterrichtete Mitglieder von Katzenklubs im Hinblick auf den Ursprung ihrer Katzen völlig falsch unterrichtet. Es muß zugegeben werden, daß es tatsächlich schwer ist, sich zurechtzufinden, da es immer wieder neue Züchtungen gibt, die gelegentlich entstehen oder vom Ausland eingeführt werden, wie beispielsweise neue Abzeichenfarben bei Siamkatzen oder zweifarbig gescheckte Katzen. Desgleichen zeigen unsere Katzen-Ausstellungen hie und da andere unbekannte Rassen aus Indien, Australien oder Malaya, Magpies (Elsterkatzen), die einer bestimmten holländischen Kaninchenrasse ähneln, und neuerdings gibt es auch eine Klasse für gewöhnliche Hauskatzen unbekannter Herkunft, die von der Ausstellungsleitung »offen für jede andere Varietät« genannt wird. Alle Arten, Unarten und Schläge genau zu besprechen, ist im Rahmen dieses Buches natürlich nicht möglich. Für unsere Zwecke genügen die gegebenen Aufstellungen vollauf.

Zu den Dingen, die Sie von Ihrer Rassekatze wissen sollten, gehört vor allem der Stammbaum, beziehungsweise die Ahnentafel selbst. Wenn Sie nicht die Absicht haben, Katzen zu züchten, ist die Ahnentafel allerdings nicht sehr wichtig, aber die Verkäufer von Rassekatzen stellen sie aus, weil viele Käufer Wert darauf legen. Für den normalen Katzenfreund hat sie wenig Bedeutung; die Hauptsache ist, daß er eine gute, kräftige Katze bekommt, gleichviel welcher Rasse oder Kreuzung sie angehört. Sind Sie aber auf eine ganz besonders wertvolle Rassekatze aus, die Sie ausstellen oder mit der Sie züchten wollen, so sollten Sie die Ahnentafel verlangen und sie sorgfältig prüfen.

Ob mit, ob ohne bekritzeltes Stück Papier können Sie eine Siamesin mit *unbekannten* Vorfahren beispielsweise an ihrer ungewöhnlichen Wildheit und Ruhelosigkeit erkennen. Ein zweites, sehr verdächtiges Merkmal – und das gleiche gilt für die andern Rassen – ist ein geknickter, knotiger oder knorriger Schwanz. Zu beachten ist auch, daß man bei Persern mit zu stumpfem Gesicht möglicherweise Augen- oder Atembeschwerden zu gewärtigen hat, und daß blauäugige weiße Katzen taub sein können.

Wenn Sie eine Katze als Haustier anschaffen, so kommt es zur Hauptsache auf ihre Eigenschaften an. Viel wichtiger als eine Ahnentafel mit preisgekrönten Vorfahren ist es, daß die Katze gesund ist und von kräftigen, gesunden Eltern abstammt. Außerdem müssen Sie darauf achten, ob das Temperament der Katze zu dem Ihrigen paßt, ob sich die Katze in Ihren Haushalt einfügen wird, ob es sich wirklich um Liebe auf den ersten Blick handelt und ob die Katze tatsächlich Sympathie für *Sie* bezeigt. Zum Beispiel sind Langhaar-Katzen ruhiger als Siamesen, die sehr »geschwätzig« sein können, und im allgemeinen auch weniger lebhaft als Kurzhaarrassen. Sie passen gut in eine Stadtwohnung.

Als erfahrener Tierarzt, der mit Hunderten von Katzen und ihren Besitzern zu tun gehabt hat, kann ich Ihnen versichern, daß diese Faktoren ungleich wichtiger sind als Auszeichnungen,

Ahnentafeln oder Rasse. Manchmal schaffen sich Leute eine Katze an, ohne sich zuvor klarzumachen, daß sie damit eine Verantwortung übernehmen, daß Tierhaltung stets mit gewissen Problemen verbunden ist und daß gerade Katzen zuweilen unerträglich werden, weil sie in die betreffende Umgebung nicht passen. Wenn solche Katzen in Hände kommen, die mit ihnen umzugehen verstehen, werden es oft zufriedene, völlig normale Tiere, wohingegen ihre Vorbesitzer besser tun würden, auf das Halten von Katzen zu verzichten.

Also bedenken Sie bitte stets, daß der Siegertitel »Beste der Ausstellung« noch lange nicht bedeutet, daß die betreffende Katze die »Beste für Sie« ist, und daß im Grunde jede Katze einen sehr alten, sehr vornehmen Stammbaum besitzt.

Die richtige Wahl!

Eine Katze auswählen oder von ihr ausgewählt werden, ist eine verwickeltere Angelegenheit, als es sich viele Leute vorstellen. Obwohl sie tagtäglich in ungezählten Exemplaren gekauft, verkauft oder verschenkt werden, kann man Katzen nicht als »Ware« bezeichnen. Auch Spielzeug sind sie nicht, genau so wenig wie sie eine zur Wohnung gehörende Dekoration darstellen, obwohl viele Leute das glauben.

Im Gegenteil muß klargestellt werden, daß sie komplizierte Lebewesen sind, ausgesprochene Persönlichkeiten mit starkem Willen, besonderen körperlichen Bedürfnissen, Launen, Leiden und für ihre Art charakteristischen Lebensgewohnheiten. Genau wie bei den Menschen gibt es unter ihnen gute, böse und gleichgültige, und wenn Sie die richtige Person für eine Katze sind, werden Sie auch die richtige Katze für sich finden.

Ich persönlich wurde vor einigen Jahren auf der Straße von »Herrn Bumm« mit Beschlag belegt. Er war damals ein graues Tigerkätzchen mit einem schelmischen schwarzen Fleck über dem einen Auge. Als ich an ihm vorbeiging, sah ich ihn unter dem Rad eines abgestellten Lastwagens im Rinnstein kauern. Erst als ich am Ende des Häuserblocks angelangt war, wurde mir der vorwurfsvolle Blick bewußt, mit dem er mich angeschaut hatte. Ich machte kehrt, nahm das heimatlose Waisenkind auf den Arm und war auf diese Weise an die Katze geraten, die jetzt mein Junggesellenheim beherrscht. Ich möchte einem Neuling dieses System, zu einer Katze zu kommen, keineswegs empfehlen; trotzdem hat es etwas für sich. So gut wie stets treten Katzen unerwartet und unwiderstehlich in Ihr Leben. Herr Bumm erwies sich von jenem ersten Augenblick an als ein angenehmer Hausgenosse, als richtige Katze für einen Mann, nett, leutselig, mir freundlich die Gnade seiner Gesellschaft gewährend als Gegengabe für das schöne Leben, das er jetzt führt. Inzwischen habe ich mich zu einem ausgezeichneten »Mann einer Katze« entwickelt...

Wenn Sie sich aber nicht genau der Tatsache bewußt sind, daß es Zufall und Glückssache ist, ob eine solche Begegnung zur Zufriedenheit beider Teile ausläuft, rate ich Ihnen: Lassen Sie die Finger davon, eine herrenlose Katze gleich aufzunehmen. Lassen Sie Ihr Herz nicht über Ihren Verstand siegen; riskieren Sie keinen Reinfall mit einer Streunerin! Bringen Sie sie statt dessen zu einer der Wohlfahrtsorganisationen für Katzen oder zu dem nächstwohnenden Tierarzt, damit er den Findling genau untersucht, möglichst auch eine Weile unter Beobachtung hält. Obwohl Streuner, die das rauhe, unbarmherzige Leben der Heimatlosigkeit überstanden haben, nach meiner Erfahrung widerstandsfähiger sind als die wohlbehüteten Hauskatzen und auch meist immun gegen Katzenstaupe, ist es besser, sicher zu gehen, als sich in eine unangenehme und traurige Situation zu bringen.

Wenn mutterlose Katzen bei unserem Tierschutzverein abgeliefert werden, kommen sie unverzüglich zum Tierarzt. Dort werden sie geimpft, eine Zeitlang beobachtet und erst in freundliche Hände gegeben, wenn sie sich bewährt haben. So wird es bei uns überall im Land bei den Katzenklubs gehandhabt. Von ihnen können Sie also unbesorgt jederzeit ein Kätzchen übernehmen.

Haben Sie nicht die Gelegenheit, auf diese Weise zu einer Katze zu kommen, so kann ich Ihnen den guten Rat geben, sich an einen Ihnen bekannten Metzger zu wenden und ihn zu fragen, wann seine Katze wieder einmal Junge hat. Nach meinen Erfahrungen sind die Katzen aus Metzgereien die kräftigsten, weil die Mutterkatzen stets gut gefüttert werden.

Dringend rate ich Ihnen, niemals eine Katze zu kaufen oder als Geschenk anzunehmen, ohne sie zuvor von einem Tierarzt gründlich untersuchen zu lassen. Gleichviel ob Ihnen gute Bekannte die betreffende Katze anbieten oder ob sie aus der besten Zuchtstätte stammt – wenn Sie selbst noch kein absolut urteilssicherer Katzenkenner sind, beherzigen Sie meinen Rat, um sich vor schlimmen Folgen zu bewahren. Auch wenn die Katze schon erwachsen ist, kann sie von einer häßlichen Krankheit angesteckt worden sein, die dem Laien verborgen bleibt. Es gibt Tierhandlungen, in denen es ganz unvermeidlich ist, daß Schmarotzer übertragen werden. Sie werden meist durch kranke Katzen eingeschleppt, wie beispielsweise die Glatzflechte (Herpes tonsurans), die dann die Katze zum gefährlichen Umgang für Kinder und Erwachsene macht, da sich dieser Hautpilz sowohl auf Menschen als auch auf andere Haustiere überträgt.

Wem das passiert, der ist zu bedauern, nicht allein, weil er den Schock zu tragen hat, sondern hohe Arzt- und Tierarztkosten obendrein. Einer meiner Klientinnen ging es so. Die Dame hatte, einem plötzlichen Impuls folgend, ein junges Kätzchen als Geschenk für ihre kleine Tochter gekauft. Bei dem Kind zeigten sich sehr bald nach der Ankunft der Katze auf dem Kopf die charakteristischen, kreisrunden kahlen Stellen der Glatzflechte. Gleichzeitig erkrankte der Pudel der Familie; wie sich herausstellte, war er ebenfalls angesteckt worden. Nicht genug damit, entdeckte die Mutter schließlich bei sich selbst einen kleinen Fleck im Gesicht. Die Arzt- und Tierarztkosten für diesen kostspieligen Mißgriff beliefen sich schließlich auf 200 Dollar – verursacht durch ein armseliges Kätzchen im Wert von 3 Dollar! Die große Ausgabe war aber nicht die einzige Folge der bösen Geschichte; das Kind war todunglücklich, als das Kätzchen aus dem Hause gegeben wurde.

Wenn Sie also mit dem Gedanken umgehen, sich eine Katze anzuschaffen, sollten Sie sich unbedingt zuerst an den nächstwohnenden Kleintierarzt wenden und sich bei ihm nach einer einwandfreien Tierhandlung oder einem empfehlenswerten Katzenzüchter erkundigen und ihn bitten, Ihren Kauf zu überwachen. Jeder Kleintierarzt mit längerer Praxis hat schon viele Katzen, gesunde und kranke, aus den Tierhandlungen und Zuchtstätten seines Wohnorts gesehen; er weiß, wo die Tiere sauber und gesund gehalten werden, und kennt auch die Handlungen und Züchter, deren Tiere immer wieder zurückkommen, weil sie krank verkauft worden sind und ihren Käufern nur Kummer gebracht haben. Denn jeder Käufer einer Katze hat Anspruch auf ein völlig gesundes Tier für sein gutes Geld.

Holen Sie also unbedingt den Rat eines Tierarztes ein, bevor Sie ein Kätzchen anschaffen. Lassen Sie es wenn irgend möglich 72 Stunden bei ihm zur genauen Beobachtung, ehe Sie den Kauf perfekt machen. Natürlich muß es ein Tierarzt sein, der sich mit Katzen auskennt, aber das gilt heute fast für jeden guten Kleintierarzt. Kennen Sie keinen, so fragen Sie andere Katzenhalter in der Nachbarschaft oder erkundigen Sie sich bei einem Katzenklub oder einem Tierschutzverein. Häufig empfehlen Tierhandlungen und Züchter ihre eigenen Tierärzte, weil sie glauben, daß sie zu ihren Gunsten reden werden. Ehrenwerte Verkäufer, die der Gesundheit ihrer Tiere sicher sind, werden jedoch nichts dagegen einzuwenden haben, wenn Sie die gekaufte Katze von dem Tierarzt Ihres Vertrauens prüfen lassen.

Einige häufige Fehler junger Kätzchen, die sie bei der Geburt mitbekommen haben können und die ein erfahrenes Auge sofort entdeckt, sind beispielsweise Hasenscharten, Taubheit bei weißen Kätzchen, Kryptorchismus, verschlossener After, Deformationen an den Gliedmaßen, die der Laie nicht sieht, und unvollständig entwickeltes Knochengerüst, was gelegentlich bei Siamesen und Burmesen vorkommt.

Wenn Sie die Katze vom Tierhändler oder Züchter ohne vorherige ärztliche Untersuchung und allein auf die Empfehlung des Verkäufers hin übernehmen, haben Sie später keine Ansprüche auf Schadenersatz. Der Kauf ist rechtskräftig abgeschlossen, und Sie müssen sehen, was Sie mit dem kranken oder fehlerhaften Tier anfangen.

Um die richtige, zu Ihrem Temperament passende Katze zu bekommen, müssen Sie sich vorher überlegen, welches Geschlecht Sie wählen wollen, welche Rasse und welchen Charakter, denn jede Katze ist – wie ich schon mehrfach sagte – eine einmalige, ausgesprochene Persönlichkeit. Sich alle diese Dinge vorher klar zu machen, ist wichtig, um Enttäuschungen vorzubeugen. Nur dann werden Sie zu der wunderschönen Freundschaft kommen, die zwischen einem Menschen und einer wirklich zu ihm passenden Katze entstehen kann und die ein lange dauerndes, glücklich miteinander verbrachtes Leben gewährleistet.

Neben den augenfälligen Verschiedenheiten weisen Kater und Katzen noch andere artbedingte Unterschiede auf. Lenksamer und häuslicher ist zweifellos die Katze. Für viele Menschen sind diese Eigenschaften anziehender als die des Katers, der weniger zärtlich ist und bei dem die Jagdleidenschaft und die Neugier auf die Außenwelt überwiegen.

Aber jede Katze ist, wie auch jeder Mensch, ein Eigenwesen, und man hat von Katern gehört, die sich mehr um die jungen Kätzchen gekümmert haben, nachdem sie abgesäugt waren, als ihre leichtlebigen Mütter. Als Gegenstück dazu gibt es gelegentlich Kätzinnen, die abenteuerlustiger sind als Dick Whittingtons weitgereiste Katze, deren steinernes Abbild früher in einer Nische am Tor des Newgate-Gefängnisses in London stand.

Katzen beiderlei Geschlechts können scheu, keck, faul, hochmütig, humorvoll, sanft, weise, närrisch, gierig, schüchtern, necklustig, ernst oder albern sein und auch mehrere dieser Eigenschaften haben. Die Hauptfrage ist lediglich: Entspricht der Charakter der jungen Katze Ihren Wünschen? Mögen Sie das betreffende Tierchen wirklich so gut leiden, daß Sie sicher sind, mit ihm viele Jahre lang auszukommen? Beim ersten Gedanken an den Kauf einer Katze oder der Adoption eines Findlings ist es für Sie von Wichtigkeit, eine weibliche von einer männlichen Katze unterscheiden zu können. Das ist nicht halb so kompliziert, wie viele Leute einem glauben machen wollen. Sie brauchen nur zu beachten, daß das Katerchen unter dem Schwanz zwei Pünktchen hat, während man bei der Kätzin etwas wie ein winziges Ausrufungszeichen sieht.

Wenn Sie nicht die Absicht haben, mit Ihrer Katze zu züchten, werden Sie wahrscheinlich das Katerchen kastrieren, die Kätzin sterilisieren lassen. In diesem Fall ist die Wahl des Geschlechts für Sie nicht von nennenswerter Bedeutung; zu bedenken ist nur, daß kastrierte Kater häufig späterhin Schwierigkeiten beim Wasserlassen bekommen, während bei der Kätzin solcherlei Beschwerden nicht zu befürchten sind. Zögern Sie trotzdem nicht, diese Operation vornehmen zu lassen! Denn alle Katzen, gleichviel welchen Geschlechts, die im Haushalt mit Menschen zusammenleben sollen, sind dann viel leichter zu halten. Die sterilisierte Kätzin bleibt von mancherlei Krankheiten verschont, lebt gesünder und glücklicher. Für den kastrierten Kater gilt das gleiche.

Vom Standpunkt des Tierschützers aus sind diese Operationen auch deshalb wichtig, weil dadurch die enorme, unkontrollierbare Vermehrung der herrenlosen Katzen gesteuert wird. Und das heißt das Elend dieser streunenden Katzen verringern. Wir erleben täglich sehr traurige Dinge auf diesem Gebiet: In den Mülleimern findet man von gewissenlosen Menschen »weggeworfen« junge Katzen, in den Tunnels der Untergrundbahnen werden sie ausgesetzt, in Kellern öffentlicher Gebäude entdeckt man immer wieder die hilflosen Geschöpfe. Herzlosigkeit, Gedankenlosigkeit und Unmenschlichkeit sind nicht auszurotten.

Bei uns werden die bei den Tierschutzvereinen abgelieferten Findlinge stets sofort auf ihre Gesundheit untersucht und dann kastriert beziehungsweise sterilisiert, um auf diese Weise – soweit es in unseren Kräften steht – eine weitere Katzenvermehrung zu unterbinden. Das ist aber nur eine Seite der Sache. Eine andere ist für den Katzenfreund nicht minder wichtig. Sterilisierte beziehungsweise kastrierte Katzen leben länger und hängen stärker an ihrem Heim. Sie neigen also weniger zum Streunen, und dadurch werden sie davor bewahrt, eingefangen und für Tierversuche verwendet zu werden. Das ist wohl das furchtbarste Schicksal, das streunende Tiere treffen kann.

Der weit verbreitete Glaube, daß unfruchtbar gemachte Katzen fett und faul würden, entspricht nicht den Tatsachen. Die Veränderung besteht nur darin, daß sie angenehmer im Umgang und lenksamer werden. Der unkastrierte Kater hat den Drang, alle Möbel der Wohnung, vor allem die Polstersachen, mit seinem »Katerparfüm« zu besprühen; daneben entwickelt er noch viele andere Eigentümlichkeiten, die das Leben mit ihm so gut wie unmöglich machen. Selbst die Kater auf dem Lande, die in Feld, Stall und Scheune ihr Dasein nach ihrem Geschmack verbringen, müssen gelegentlich, etwa bei gar zu schlechtem Wetter, ins Haus genommen werden. Sie lassen sich dort nur schwer halten, und manch ein Katzenfreund, der sich dergleichen Schwierigkeiten nicht hat vorstellen können, gibt in solchen Fällen seine Ablehnung der Kastration auf. Ebenso kann selbst dem größten Katzenfreund im Lauf der Zeit das unaufhörlich notwendige Hüten seiner nicht sterilisierten Kätzin über werden, denn es ist sehr schwer zu verhindern, daß sie immer wieder von neuem gedeckt wird. Es kann ihm dann ergehen wie jenem Mann in Texas, der uns klagte, daß seine gute Mieze 140 Würfe zur Welt gebracht habe!

Wir wollen nun annehmen, daß Sie die Frage, ob Kater oder Kätzin, entschieden haben. Betrachten Sie dann das Kätzchen, das Sie zu sich nehmen wollen, *vorher* nochmals ganz genau. Es ist nicht zu leugnen, daß spielende junge Kätzchen im Schaufenster einer Tierhandlung oder im Haus eines Ihrer Freunde einen der reizendsten Anblicke bieten, deren man teilhaftig werden kann. Lassen Sie sich aber dadurch nicht bis zur Urteilslosigkeit bestechen, prüfen Sie die Tierchen sorgsam, besonders natürlich schließlich das eine, das Ihnen auf den ersten Blick am besten gefällt.

Dieser schlechtgelaunte Kleine dort, der nie aus seiner Ecke hervorkommt, ist vielleicht keineswegs scheu, sondern er hat eine versteckte Krankheit in sich. Das Geschwisterchen, das vor Übermut nicht weiß, wie hoch es springen soll, ist wahrscheinlich viel empfehlenswerter. Wenn Sie eine bequeme Natur sind und nicht gewillt, täglich eine gewisse Zeit dem Kämmen und Bürsten Ihrer

Katze zu widmen, dann lassen Sie die Finger von einer Langhaarrasse.

Examinieren Sie das Kätzchen, das Ihnen gefällt, eingehend. Sind seine Augen hell und klar? Die Ohren sauber? Ist der Gaumen rosig und die Nase frei von allen Anzeichen einer Erkältung? Ist das Fell dicht und weich? Zeigt sich irgendein Anzeichen von Durchfall?

Schuppige Augenlider sind beispielsweise Symptom einer Augeninfektion. Durchfall kann ein Zeichen von Staupe oder Wurmbefall sein. Nur der Tierarzt vermag das im Anfangsstadium zu erkennen.

Wenn Ihr Kätzchen diese genaue Prüfung besteht, dann können Sie hoffen, ein gesundes Kerlchen zu bekommen. Doch ehe Sie es für eine Probezeit von 72 Stunden, zu der ich Ihnen schon weiter oben geraten habe, mit nach Hause nehmen, vergewissern Sie sich noch, wie alt das Kätzchen ist. Ein noch nicht sechs Wochen altes Kätzchen sollte man nicht zu sich nehmen. Besser ist es, auf einem Alter von mindestens zehn Wochen zu bestehen, denn selbst in diesem Alter bedarf eine junge Katze sehr sorgfältiger Pflege, wenn sie in ein neues Heim kommt.

So bald es möglich ist, und unbedingt noch während der Probezeit, gehen Sie mit dem Kätzchen zum Tierarzt und lassen es von ihm untersuchen. Wenn Sie es behalten wollen, sollten Sie sich von dem Tierarzt raten lassen, wie Sie es ernähren sollen; auch sollte er es dann gleich prophylaktisch impfen (siehe Seite 122). Je früher der Tierarzt eine etwaige Krankheit oder Infektion entdeckt, desto besser ist es für Sie und für das Tier.

Überlegen Sie sich, daß die Änderung seiner Umgebung und die neuen Lebensumstände für ein junges Lebewesen einen gewaltigen Schock bedeuten. Bevor Sie es zu sich genommen haben, hat es nur seine Anverwandten und seinen Geburtsort gekannt. Um Zutrauen zu seinen neuen menschlichen Freunden zu gewinnen, muß dem winzigen Geschöpf besondere Wärme und Liebe entgegengebracht werden. Von seinen Vorfahren hat das Kätzchen ein sehr empfindliches Nervensystem geerbt. Schon die ersten Stunden in der neuen Unterwelt können die Frage entscheiden, ob Sie das Vertrauen des Jungtieres gewinnen oder für immer verlieren. Sollten Kinder im Hause sein, müssen sie belehrt werden, daß das empfindliche kleine Kerlchen viel Schlaf braucht und nicht immerfort gestört, herumgetragen und angefaßt werden darf. Ein Kätzchen wächst rasch und trifft schon im ersten Jahr seine Wahl, welches Mitglied der Familie es bevorzugt, welchem es lieber aus dem Wege geht. Somit zählt die erste Erinnerung an empfangene Liebe und Fürsorge am meisten, und schon in den ersten Monaten entscheidet es sich für immer, ob die Katze ihre guten und liebenswerten Eigenschaften während ihres Wachstums voll entwickelt, oder ob sie – ausgewachsen – zur Plage wird.

Der Körper der Katze – ein Wunder der Natur

Ein Schriftsteller hat einmal gesagt: »Einer Katze blickt man nie bis auf den Grund ihrer Seele.« Tatsächlich wird jeder, der sich einmal näher mit »Katzenkunde« befaßt hat, bestätigen, daß die Katze ein noch weitgehend unerforschtes Wunder der Natur ist. Wie bei allen Lebewesen hängen auch bei der Katze die physischen und die psychischen Eigenschaften so nahe zusammen, daß man beide nur verstehen kann, wenn man sich dieses Umstandes bewußt ist.

Der Körper der Katze ist schlichtweg ein anatomisches Meisterstück. Die Beschaffenheit ihrer Muskulatur, die ihr ihre anmutige Beweglichkeit verleiht, spottet jeder menschlichen Vorstellungskraft. Man hat von Katzen gehört, die es fertig gebracht haben, Bilder von der Wand zu entfernen; andere haben sich auf Kronleuchter geschwungen, ohne daß erklärlich gewesen wäre, wie sie dorthin gelangt sein konnten. Wieder andere sind aus großer Höhe hinabgestürzt und »auf allen vieren« unten angekommen, ohne sich zu verletzen.

Freilich sind nicht ausnahmslos alle Katzen solche Akrobaten. Wie viele Stubenhocker unter den Menschen, bilden auch die stets in der Wohnung gehaltenen und dazu noch verzärtelten Katzen ihre Muskeln nur ungenügend aus, und insbesondere ganz junge Kätzchen sind weder bereits im Vollbesitz ihrer Kräfte, noch haben sie Übung in deren Gebrauch. Trotzdem habe ich noch nie eine junge oder alte Katze gesehen, die bei einem unerwarteten Ereignis die Möglichkeiten ihres bewunderungswürdigen Systems von etwa 500 frei beweglichen Muskeln nicht richtig anzuwenden gewußt hätte. Ich bin der Meinung, daß mehr als alles andere die geradezu märchenhafte Beherrschung ihrer Muskeln, die ihr Weit- und Hochsprünge, plötzliches Vorschießen auf ihre Beute und schließlich eine völlige Entspannung ermöglichen, der Katze den Ruf unschlagbarer Ausdauer und Geduld und sogar mystischer

Kräfte eingetragen hat. Denn es ist durch ungezählte Beispiele bewiesen, wie Katzen durch Hinabspringen aus brennenden Gebäuden, Durchschwimmen von Flüssen (obwohl man ihnen Abscheu vor dem Wasser nachsagt) und ähnliche Bravourstücke es fertig gebracht haben, in Situationen zu überleben, in denen das keinem anderen Lebewesen geglückt wäre. Wahrscheinlich hat diese unglaubliche Geschicklichkeit die Legende bilden helfen, eine Katze habe neun Leben, doch mag auch der alte Aberglaube, nach dem Menschen vor und nach dem Tode Katzengestalt annehmen können, zu dieser Behauptung beigetragen haben. Schriftsteller behaupten gelegentlich in Katzengeschichten, Katzen wären imstande, Geister zu sehen oder sie verkörperten selber solche.

Als nüchterner Tierarzt ist es meine Aufgabe, dafür zu sorgen, daß sie gesund und vergnügt auf der Erde bleiben und das möglichst lange. Jeder mir anvertrauten Katze möchte ich zu *einem* möglichst normalen, guten Leben verhelfen; was sie mit den anderen acht Leben anfängt, ist mir gleich. Selbstverständlich erkenne ich auch als Mediziner ihre unwahrscheinliche Fähigkeit an, in Gefahren zu überleben und sich trotz ihrer zahllosen Feinde zu vermehren; aber ich kenne die natürlichen Ursachen: ihr Talent, durch Versuch und Irrtümer zu lernen, und ihre ungewöhnliche Gabe, sich völlig zu entspannen und alle Kräfte für den richtigen Moment des Einsatzes zu sparen.

Ein Beispiel dafür, einen Unfall lebend zu überstehen, der jedes andere Lebewesen getötet haben würde, erbrachten zwei Kater, die bei einer Balgerei vom 14. Stockwerk eines Hauses auf die Straße hinabstürzten. Ihre verständlicherweise aufgeregte Herrin ließ mich sofort kommen. Die beiden Burschen hatten zwar einen Schock erlitten, und jeder hatte sich ein Hinterbein gebrochen; andere Schäden hatten sie aber nicht davongetragen. Der Aufenthalt in meiner Klinik bekam den beiden Streithähnen ausgezeichnet; sie wurden kleinlauter, ruhiger und vorsichtiger. Wie mir berichtet wurde, stritten sie nach ihrer Heimkehr nie mehr; sie hatten aus ihrem glimpflich abgegangenen Sturz gelernt – und bewiesen damit mehr Klugheit als viele Menschen, die viele Fehler leichthin zum zweiten Mal begehen.

Ein drolliges Beispiel dafür, daß Katzen aus Erfahrungen lernen, berichtet ein französischer Schriftsteller: Eine sehr verzogene Katze wollte sich eben über die Kalbskoteletts, die auf dem Mittagstisch ihrer Familie standen, hermachen, als im gleichen Moment in der Küche der Gasofen mit Donnergetöse explodierte. Die entsetzte Katze floh, als wäre sie angeschossen worden, ohne ein Kotelett anzurühren. In der Folge verschwand sie jedesmal sogleich aus dem Zimmer, wenn Kalbskoteletts aufgetragen wurden – augenscheinlich fürchtete sie, daß es wieder knallen würde ...

Katzen erinnern sich auch sehr gut an Menschen, die sie geneckt oder schlecht behandelt haben. Es gibt sogar einige, die ihre Abneigung recht deutlich zeigen, indem sie versuchen, ihre Feinde zu kratzen oder ihnen ins Gesicht zu springen. Am häufigsten aber verstecken sie sich einfach, wenn ihnen unliebsame Gäste zu Besuch kommen. Ein kluger Katzenfreund wird einer fremden Katze gegenüber nie den ersten Schritt tun, sondern – wenn er irgendwo zu Gast ist – stets abwarten, bis die Katze des Hauses zu *ihm* kommt.

Katzen lieben es im allgemeinen nicht, weite Strecken zu laufen, es sei denn, sie haben ein bestimmtes Ziel im Auge. Wenn das allerdings der Fall ist, gibt es nichts, was eine Katze abhalten könnte, diesem Ziel zuzustreben, selbst wenn sie über hohe Berge klettern oder andere Hindernisse überwinden muß. Dank ihrer geschmeidigen Glieder und ihrer Zähigkeit führt sie durch, was sie sich in den Kopf gesetzt hat. Eines meiner Lieblingsbeispiele dafür ist die überlieferte Geschichte des Grafen von Southampton, der im Londoner Tower wegen seiner Rebellion gegen die Krone eingekerkert worden war. Er traute seinen Augen nicht, als er eines Tages seine Lieblingskatze aus dem Kamin seines Aufenthaltsraumes im Gefängnis kommen sah – verrußt,

aber voller Triumph. Wie es das Tier fertiggebracht hat, von seiner ländlichen Heimat nach London in den Tower zu gelangen, dort den richtigen Kamin ausfindig zu machen und den gefährlichen Abstieg zu bewältigen, ist ein ewiges Rätsel geblieben.

Die der Katze angeborene Neugier mag ein gewisser Schlüssel sein für ihre fast unbegrenzte Geschicklichkeit, bestimmte Orte und Menschen in scheinbar unüberwindlichen Entfernungen aufzufinden. Jede Katze erforscht jeden Winkel in dem Haus, das ihr Heim ist, und desgleichen die Umgebung auf Meilen im Umkreis. Sie kommt im Notfall auch tagelang ohne Nahrung aus, wenn sie weite Wege unternimmt. Gegebenenfalls ist sie erstaunlich findig, wenn sie Nahrung sucht, und weiß darum an einer Türe zu bitten, wo immer sie sich gerade befindet. Carl van Vechten pflegte da eine selbsterlebte Geschichte von einem gelben Kater zu erzählen, dem er an einem heißen Sommersonntag auf der Fifth Avenue in New York begegnete. Er rieb sich an einem Feuerhydranten, und man sah ihm an, wie durstig er war. Er wußte offenbar, daß es hier Wasser gab, aber er konnte den Hydranten natürlich nicht öffnen. Der katzenliebende Autor war dazu auch nicht imstande; deshalb machte er dem Kater verständlich, daß er ihm zu einem Mineralwasserkiosk im nächsten Häuserblock folgen sollte. Dort wartete er geduldig, bis van Vechten eine Flasche gekauft hatte, und trank dann zwei Papierbecher leer. Als sein Durst gestillt war, ging er mit gleichmütiger Miene davon, ohne sich ein einziges Mal nach seinem Wohltäter umzugucken oder ein Zeichen der Dankbarkeit zu geben.

Es ist charakteristisch für Katzen, daß sie dergleichen Freundlichkeiten einfach als selbstverständlich hinnehmen. Doch finden Katzen, die gewöhnt sind, daß liebevoll für sie gesorgt wird, leider durchaus nicht immer hilfsbereite Menschen, die ihnen Futter und Wasser geben, um sie am Leben zu erhalten, wenn sie durch Zufall oder Unglück plötzlich selber ihr Futter suchen müssen. Und das gilt natürlich auch für die Kummer und Not gewöhnten Streuner.

Ebensowenig fallen Katzen immer auf die Füße, wenn sie aus großen Höhen herunterstürzen. So manche Katze ist schon mit gebrochenem Rückgrat in die Tierklinik eingeliefert worden oder gar im Katzenhimmel gelandet. Deshalb sollten Katzenfreunde, die in den oberen Stockwerken unserer Mietshäuser wohnen, vorsorgen und Schutzgitter vor ihren Fenstern anbringen lassen.

Merkwürdigerweise finden Hauskatzen, die gefährlich hohe Stellen erklettert haben, sehr oft nicht mehr den Weg zurück und müssen von der Feuerwehr heruntergeholt werden. Und Katzen, die sich bei der Mäusejagd ausschließlich auf den Fang ihrer Beute konzentriert haben, hören und sehen nichts anderes, so daß sie häufig Opfer schnell fahrender Autos werden. Man muß bedenken, daß unsere heutigen Katzen nicht in ihrer naturgemäßen Umgebung leben, sondern in einer mechanisierten Welt mit hohen Häusern, Untergrundbahnen, asphaltiertem Boden und unzähligen, rasch fahrenden Wagen. Deshalb bedürfen sie der ständigen Vorsorge der für sie verantwortlichen Menschen. Wer möchte, daß seine Katze ein hohes Alter erreicht, muß sie dauernd beobachten und ständig auf sie aufpassen.

Wenn Sie eine Katze betrachten, so ist von gleicher Wichtigkeit, was Sie sehen und was nicht offen zutage liegt. Um die Katze in ihrer Ganzheit zu sehen, gibt es einige wesentliche Dinge, über die Sie Bescheid wissen müssen, so über ihren Körperbau mit Beziehung auf ihre mögliche Entwicklung. So sind beispielsweise ihre Schnurrhaare nicht etwa nur zum Schmuck da wie beim Mann ein Schnurrbart. Sie sind vielmehr lebensnotwendig für ihren Tastsinn, denn sie sind mit empfindlichen Nerven ausgestattet, die ihnen die Eigenschaften einer Antenne geben. Im Fall der Gefahr zucken sie in Schreck oder Angst und dienen sozusagen als feine Meßgeräte. Leider muß ich sagen, daß mir verschiedentlich Katzen zur Behandlung gebracht worden sind, die an Zeichen geistiger Verwirrung litten, weil ihnen

Kinder im Spiel die Schnurrhaare abgeschnitten hatten. Nach meinen Erfahrungen kann ich daher nur dringend raten: Wenn neben Ihrer Katze Kinder in Ihrem Hause leben, dann verstecken Sie die Schere! Und belehren Sie die Kinder über die Körperbeschaffenheit der Katze zum speziellen Wohl des Tieres wie in ihrem eigenen Interesse.

Nun zu den Einzelheiten des Katzenkörpers:

Knochen Eine Katze hat etwa 230 bis 247 Knochen, die zart sind und leicht brechen, solange sie jung ist, während sie bei erwachsenen Katzen die Härte von Elfenbein besitzen. Später werde ich mehr von Knochenbrüchen berichten. Das Rückgrat besteht bei der Katze aus 48 bis 56 Wirbeln, die aus ihrer Lage springen können. 18 bis 26 dieser Wirbel sitzen im Schwanz (mit Ausnahme der Man-Katze natürlich), 7 in der Mitte des Rükkens. Werden einige von diesen durch einen Schlag, einen schweren Sturz oder eine Krankheit verletzt, kann Lähmung oder eine Knochenerkrankung die Folge sein.

Muskeln Zusätzlich zu den rund 500 Muskeln, die bereits erwähnt wurden, weist die Katze eine unter der Haut sitzende Muskelschicht auf, die den ganzen Körper überzieht und es allen Katzenarten ermöglicht, ihre Fellhaare aufzustellen. Sie tun das, wenn sie sich putzen, wenn sie einen krummen Rücken machen, wenn sie krank werden, manchmal auch als Warnung für einen Feind, manchmal aus Furcht.

Krallen Wenn die Katze ihre Krallen nicht braucht, hält sie sie eingezogen, doch ist ihr Instinkt, sie schärfen und säubern zu müssen, zum Kummer für alle Polstermöbel-Besitzer sehr stark ausgeprägt. Die Bewegungen der Krallen regelt eine Sehne in den weichen Fußballen. Die Krallen ausschließlich im Haus gehaltener Katzen werden nicht so gebraucht und abgenutzt wie bei Katzen, die sich viel im Freien bewegen. Man kann sie deshalb wie Fingernägel beschneiden (siehe Seite 101). Es sei noch bemerkt, daß die Katzenkrallen ein Teil der Haut, nicht der Knochen sind.

Pfoten Normalerweise hat die Katze fünf Zehen an jeder Vorderpfote und vier an jeder Hinterpfote. Alle Katzen sind sogenannte »Zehengänger«, was besagen will, daß die Katze auf allen Zehen zugleich läuft, woraus ihr lautloser Gang resultiert. Auch gebraucht die Katze – im Gegensatz zu den meisten anderen Tieren – beim Gehen oder Rennen die beiden rechten, beziehungsweise linken Beine zugleich, vergleichbar dem Trab des Kamels. Die Katzen benutzen ihre Pfoten außer zur Fortbewegung noch zu vielen anderen Zwecken, so zum Putzen und zum Zuscharren ihrer Exkremente, wohl auch eine Erinnerung an ihre im Dschungel lebenden Vorfahren, die bestrebt sein mußten, ihre Spuren auszulöschen, damit ihre Feinde ihnen nicht folgen und ihre Beutetiere ihnen nicht vorzeitig ausweichen konnten. Überdies gebrauchen die Hauskatzen ihre Pfoten in sehr reizender Weise, um ihre Zuneigung zu bekunden, die Aufmerksamkeit auf sich zu lenken oder Gegenstände abzutasten. Auch beim Spielen benutzen sie die Pfoten, um sich gegenseitig zu puffen und zu boxen, und wenn Sie sich ins Spiel mischen, kriegen Sie in aller Liebe auch etwas ab. Meistens sind die Krallen bei diesen Gelegenheiten eingezogen, obwohl angriffslustige Burschen das zuweilen vergessen. Zärtliche sind sehr vorsichtig und »streicheln« nur die Menschen, die sie gern haben.

Ohren Entsprechende Versuche beweisen, daß Katzen – wie viele andere Tiere – Töne hören können, die für das menschliche Ohr nicht vernehmbar sind. Daß weiße Katzen mit blauen Augen zu Taubheit neigen, wurde schon gesagt. Im großen und ganzen sind allerdings die inneren Teile des Katzenohres von der Natur gut geschützt, und wenn man die Ohrmuschel vorsichtig reinigt, kann man keine empfindlichen Teile verletzen.

Schwanz Die Katze benutzt ihren sehr empfindlichen Schwanz, die Fortsetzung des Rückgrats, vor allem zum Halten des Gleichgewichts. Ferner »spricht« sie damit, das heißt sie drückt ihre Gemütsbewegungen durch den Schwanz aus. Naturforscher haben festgestellt, daß Katzen sich durch bestimmte Bewegungen mit den Schwänzen gegenseitig Zeichen geben. Wenn die Katze beispielsweise »stolz« ist, trägt sie ihren Schwanz hoch wie ein Banner. Ein leicht gesenkt getragener Schwanz zeigt dagegen Heimlichkeit oder Furcht an, nicht aber Schuldbewußtsein wie beim Hund. Die zornige Katze, die zu einer Rauferei bereit ist, bewegt ihren Schwanz peitschend von rechts nach links, wobei ihr Fell vor Wut gesträubt ist. Wenn ihr aber etwas Spaß macht, bewegt sie ihren Schwanz mit sanften Bewegungen hin und her. Meine eigene Katze tut es auch, um meinen Morgenkaffee umzurühren.

Zähne Eine erwachsene Katze hat 30 Zähne, 16 im Ober- und 14 im Unterkiefer. Sie haben eine rauhe Oberfläche wie bei allen Fleischfressern. Kätzchen werden zahnlos geboren und bekommen dann 26 Kinderzähnchen, die im entsprechenden Alter durch die 30 bleibenden ersetzt werden. Durch zu weiche, breiige Nahrung bekommen viele Katzen – wie auch die Menschen – Zahnschmerzen und Zahnfleisch-Erkrankungen; selbst lose und faulende Zähne können die Folge sein. Junge Kätzchen verlieren ihre Babyzähne wie Menschenkinder; das bleibende Gebiß sollte zweimal jährlich vom Tierarzt nachgesehen und gereinigt werden.

Zunge Auch sie ist ein wichtiges »Werkzeug« der Katze, sowohl beim Fressen als auch beim Säubern. Die Unterseite einer Katzenzunge ist weich und glatt, während die Oberseite von mikroskopisch kleinen Höckern überzogen ist, nicht unähnlich winzigen Krallen. Sie dienen dazu, Knochen festzuhalten, werden aber auch beim »Kämmen« des Felles benützt.

Herz Im Vergleich zur Körpergröße ist das Herz der Katze klein. Es schlägt 110- bis 130mal in der Minute, wodurch die Katze einen schnellen Pulsschlag hat.

Gehirn Das Gehirn unterscheidet sich vom menschlichen nur durch Form und Größe. Die Wissenschaftler forschen in unzähligen Versuchen nach geistigen Fähigkeiten der Katze, die uns bis jetzt noch verborgen sind.

Haut Zu den Eigenarten der Katze gehört auch ihre ungewöhnlich bewegliche Haut, die die Muskeln und Organe so schmiegsam umspielt, daß die Katze schwer zu halten ist, wenn sie sich unserem Griff entwinden will. Viele übel zerbissene Katzen erholen sich nach einem Kampf ungemein schnell, weil tatsächlich nur die obere Hautschicht verletzt worden ist. Mit Hilfe ihrer beweglichen Haut ist sie ihrem Gegner entglitten, ohne daß es ihm gelungen wäre, die tiefer liegenden Muskelpartien zu verletzen.

Magen Nachdem eine Katze ihre Portion verspeist hat, hat ihr Magen ungefähr die Größe einer geschlossenen Faust; daran kann man erkennen, welche Nahrungsmenge sie benötigt. Die Magenwände sind rauh und elastisch; trotzdem sind Katzen Verdauungsstörungen gegenüber sehr empfindlich. Deshalb sollte ihr Speisezettel sorgfältig überwacht werden, desgleichen ihre gelegentliche Neigung, herumliegende Gegenstände, etwa Knöpfe oder kleine Bälle, zu verschlucken.

Augen Die großen, glänzenden Augen sind vielleicht das geheimnisvollste und anziehendste Merkmal der Katze. Ihnen ist sicher ihr früherer Ruf als Begleittier von Hexen und Zauberern zuzuschreiben. Daß die Katzen infolge ihrer dehnbaren Pupillen imstande sind, im Dunkeln zu sehen, hat diesen Ruf verstärkt. Bei hellem Licht verengt sich die Pupille zu einem schmalen Schlitz; nachts erweitert sie sich fast zu einem Kreis. Im Winkel des Katzenauges ist noch ein drittes Augenlid, ein halbdurchsichtiges Hautfältchen, das gelegentlich als Schutz dient. Bei gewissen Krankheiten oder bei Infektionen bedeckt es das ganze Auge der kranken Katze. Das gelegentliche Irisieren der Katzenaugen kommt durch einen flimmernden Körper zustande, der »Tapetum Choroid« heißt.

Nase Katzen können durch die Gerüche gewisser Kräuter, vor allem durch Baldrian und Katzenminze, auch durch Blumen und sogar durch künstliche Parfüms in einen förmlichen Rauschzustand versetzt werden. Ich kenne eine Katze, die verrückt wird, wenn sie Chanel Nr. 5 riecht. Im Gegensatz zu dem, was manchmal gesagt wird, ist ihr Geruchssinn so scharf wie ihre anderen vier, von ihren hochempfindlichen Nerven geleiteten Sinne: Augen, Gehör, Geschmack und Gefühl. Die Katzen scheinen noch über weitere Sinneswahrnehmungen zu verfügen, von denen uns bis jetzt noch nichts bekannt ist. Aber aus vielen Beobachtungen wissen wir genau, daß die Katzen weit klüger sind, als man gemeinhin glaubt. So scheinen manche Katzen die Fähigkeit zu haben, kommende Ereignisse vorauszusehen. Von zwei Schiffskatzen wird ein solcher Fall authentisch berichtet. Ein Student der Parapsychologie beschrieb mir die beiden, die seit einigen Jahren an Bord eines Trampdampfers lebten. Da Schiffskatzen, wie alle Seeleute wissen, niemals ihr angestammtes Schiff verlassen, auch nicht, während es im Hafen liegt, es sei denn als ganz böses Omen, war die Besatzung entsetzt, als die beiden Katzen wilde Anstrengungen unternahmen, um an Land zu gelangen, und es endlich auch schafften, auf den Kai hinunter zu springen. Sie rannten zu einem in der Nähe vor Anker liegenden anderen Schiff, verschwanden im Laderaum und hielten sich dort verborgen, bis ihr angestammtes Schiff wieder in See stach. Der Aberglaube der Matrosen, daß Katzen ihr Schiff nur verlassen, wenn es dem Untergang verfallen ist, behielt recht; das ihrige stieß noch am selben Tag mit einem anderen Frachtschiff zusammen und sank binnen wenigen Stunden. Man sprach noch jahrelang in Seefahrerkreisen von den beiden hellsehenden Katzen.

Okkulte Vorgänge dieser Art zu erklären, ist der Wissenschaft trotz ihrer vielen Versuche, die bewußten und unbewußten geistigen Reaktionen der Katze zu erforschen, noch nicht gelungen. Es gibt jedoch viele Beispiele, die deutlich zeigen, daß die Katzen einen sechsten Sinn haben, der sie noch nicht eingetretene Ereignisse »vorausahnen« läßt.

»Mysouf«, die Katze Alexandre Dumas', wußte stets, wenn ihr damals noch junger Herr nicht zum Abendessen nach Hause kam, wie es sonst seine Gewohnheit war. An diesen Abenden weigerte sich Mysouf, ihn am Gartentor zu erwarten. Ob die Katzen nun Hellseher sind oder ob sie eine Art Seismograph besitzen, jedenfalls haben sie mehr als einmal vor bevorstehenden Erdbeben gewarnt, vor Sturmfluten und Bränden. Viele meiner Klienten haben Beispiele von übersinnlichen Wahrnehmungen bei ihren Katzen erlebt. So schwört eine bekannte Reporterin, daß ihre Malteserkatze sie leise in die Fußgelenke kneift, wenn sie eine besonders lange Reise unternimmt, und zwar schon drei oder vier Tage vorher. (Es ist freilich möglich, daß die Dame schon so viele Tage vorher mit dem Packen beginnt.) Außerdem kenne ich »Snuggles«, den Urenkel einer bemerkenswerten alten Katzendame, von der berichtet wird, daß sie einst in New England gelebt hat, wo Katzen sehr hochgeschätzt werden und ein langes, inhaltsreiches Leben führen. Diese betagte Katze hatte im Alter von 14 Jahren (!) noch einem Wurf von drei Kätzchen das Leben gegeben. Bald darauf schien sie zu wissen, daß ihre Tage auf der Erde gezählt waren (obwohl es Katzen gibt, die sogar 20 Jahre alt geworden sind), denn sie traf systematisch Vorsorge für ihre drei letzten Jungen. Sie trug die Kätzchen – da sie schon sehr schwach war, dauerte es mehrere Tage – in drei verschiedene Häuser zu drei treuen Katzenfreundinnen, von denen sie annehmen konnte, daß sie gute Pflegemütter sein würden. Kurz nachdem sie das letzte Kätzchen, das später die Großmutter meines Freundes Snuggles wurde, zu der von ihr erwählten Adoptivmutter gebracht hatte, starb sie nachts in aller Stille.

Wie Katzen es zuwege bringen, Zeit und Stunde sich stets wiederholender Ereignisse genau zu kennen, auf welche Weise sie Stürme und Unwetter im voraus fühlen, was ja eine bekannte Tatsache ist, und was sie dazu befähigt, gewissermaßen als Barometer der häuslichen Stimmung zu dienen, das weiß niemand. Man weiß jedoch, daß das Wohlbefinden jeder Katze stark von einem geregelten Haushalt, einer zufriedenen Herrschaft und feststehenden Regeln abhängt, so sehr, daß jede plötzliche Änderung oder häuslicher Unfrieden die nervenempfindliche Katze völlig verstört. Sie zeigt dann ihre Verbitterung oft, indem sie unentwegt jemandem um die Beine streicht, was fälschlich als blinde Zuneigung gedeutet wird.

Oft streiten sich Katzenfreunde darüber, ob Katzen Humor besitzen. Tatsache ist, daß sie lachen können; was es zu sagen hat, mag dahingestellt bleiben. Meiner Meinung nach verstehen sie es auch, jemanden zu necken oder zum besten zu haben. Ich habe einmal eine Katze einem Menschen auf den Schoß springen sehen, den sie nicht leiden konnte.

Die eigensinnige, unabhängige Katze verweigert es meistens auch, ein für sie bestimmtes Lager zu benutzen oder aus einer bestimmten Schüssel zu fressen, es sei denn, sie habe diese Gegenstände vorher aus freiem Willen für sich ausgewählt. Versuchen Sie mal, eine Katze in ein ihr fremdes Körbchen zu setzen! Wenn Sie ihr nicht Zeit geben, das neue Ding genau zu betrachten, wird sie schneller wieder auf ihrem Lieblingsstuhl oder Kissen sitzen, als Sie sich umwenden können. Die Möbel in den ihnen vertrauten Räumen betrachten die Katzen rundweg als ihr persönliches Eigentum. Mehr als einmal habe ich eine Katze gesehen, die nicht von dem Stuhl zu vertreiben war, den sie sich nun einmal ausgesucht hatte. Es besteht da eine gewisse Ähnlichkeit zwischen verwöhnten Katzen und anspruchsvollen Menschen. Der Unterschied ist nur der – ich kann mir nicht helfen, aber mir kommt es immer wieder so vor –, daß die Katzen restlos davon überzeugt sind, sie seien übergeordnete Wesen, während bei den Menschen eine gewisse Unsicherheit besteht, ob sie das von sich behaupten dürfen.

Nun, was immer Sie glauben von Ihrer Katze voraussetzen zu dürfen, Sie können versichert sein, daß sie mindestens ebensoviel von Ihnen voraussetzt! Sie können sich dazu erziehen, sich einer Katze anzupassen, was letzten Endes stets das Ergeb-

nis ist, wenn man eine Katze großzieht. Ich kann Ihnen versprechen, daß es kaum ein verwickelteres Unternehmen gibt, als sich einer Katze anzunehmen, die ihrerseits fest davon überzeugt ist, daß *sie sich Ihrer* annehmen muß . . .

Der verständnisvolle Katzenfreund

Wenn wir die Beziehungen zwischen Menschen und Katzen auf einen stark vereinfachten Nenner bringen wollen, kann man mit einiger Berechtigung sagen, daß es drei Menschengruppen gibt: Menschen, die Katzen nicht verstehen und auch kein Verlangen danach tragen; Menschen, die auf Grund ihrer eigenen Persönlichkeit nicht zu ihnen passen und sich daher falsch und ganz vergeblich um sie bemühen; und endlich die echten »Katzen-Menschen«, die aus ihrer Natur heraus die Katzen verstehen und daher gut mit ihnen auskommen. Die »Katzen-Menschen« – das kann ich aus meinem eigenen Kontakt mit Katzen bezeugen, und weiß, daß mir die meisten Kenner darin zustimmen – sind feinfühlig, können sich in andere hineinversetzen, haben Sinn für alles Schöne und einen hochentwickelten Sinn für Humor. Gleichviel, welcher Herkunft sie sind oder welchen Beruf sie ausüben, erfreut und amüsiert sie die vornehme Lebensart der Katze, und sie sind durchaus bereit, sie zu nehmen, wie sie ist, sich also ihren Bedingungen zu fügen.

Obwohl die Veranlagung der Katzen zwischen sanften, seelenvollen Typen und willensstarken »Politikern« variiert, die dazu fähig sind, mit jedermann fertig zu werden, sind sie im Grunde doch alle miteinander eng verwandt. Was immer sie von ihren menschlichen Gefährten erwarten mögen, sie fühlen genau, wo ihnen Verständnis und liebevolle Fürsorge zuteil werden oder nicht, und handeln entsprechend.

Die Namen, die Katzenbesitzer ihren Tieren geben, sind für mich sehr aufschlußreich. Zwei der längsten und am schwierigsten auszusprechenden Namen auf der langen Liste von Katzen berühmter Leute zeugen sowohl für die lebhafte Phantasie als auch für den Beruf ihrer Besitzer – des Dichters William Southey und des Musikers John F. Runciman. Southeys Katze wurde »Rumpel« gerufen, was die Abkürzung war von »Der Hochedle Erzherzog Rumpelstilzchen, Marcus McBum, Graf Tomlefagne, Baron von Rattenfang, Jaul und Kratz«. – Runcimans Katze war schon als junges Kätzchen in eine Geige vernarrt und wurde daher »Felix Mendelssohn Bartholdy Shedlock Runciman Felinis« genannt.

Anatole Frances Köchin rief eine im Hause gehaltene Katze »Pascal«, weil sie ihr Schläfchen auf dem Regal, das die Bücher dieses Autors enthielt, zu machen pflegte. Anatole France selber rief eine andere Katze »Hamilcar«, weil sie irgendwie eroberungslustig schien.

Was mich betrifft, so sind mir die bei uns üblichen Namen, beispielsweise Peter, Mike, Thomas, Julia und Susi, lieber. Wir sind sie aus unserem täglichen Umgang in der Tierklinik gewöhnt, dergleichen die gelegentlich vorkommenden »Chiffons« oder »Zsa Zsas«. Im Gegensatz zu diesen Showgirl-Typs hatten wir es einmal mit einem ausgesprochenen Rowdy-Typ wie aus einem finsteren Slum zu tun, einem Kater, der den Namen »Hudson Duster« trug. Er war in seinem Stadtviertel als unübertrefflicher Mäusejäger berühmt.

Manchmal haben meine Patienten auch Namen nach ihren besonderen Talenten oder aber Abneigungen bekommen. Zum Beispiel heißt einer »Motorboot«, weil sein Schnurren dem Tuck-Tuck eines solchen gleicht. Der drolligste Patient, den ich gelegentlich unter meine Fittiche nehmen muß, wird »Louie« gerufen. Wenn es jemals auf der Welt einen von seiner Katze in Besitz genommenen Menschen gegeben hat, so ist es der Besitzer von Louie. Von Zeit zu Zeit ruft mich dieses Original während meiner Sprechstunde an, um sich von mir darüber belehren zu lassen, was der liebe Louie mit seinen Zeichen und Miauen wohl gemeint haben könne. »Ich rufe im Auftrag von Louie R . . . an«, erklärt er beispielsweise, »er sagt, er fühle sich heute nicht ganz auf der Höhe. Was, meinen Sie, könnte ihm fehlen?« Oder: »Louie R . . . möchte wissen, ob er zwischen den Mahlzeiten Häppchen bekommen darf?«

Die Vereinigung »Member of the Lambs«, ein berühmter Theaterklub, hält ein verstorbenes, sehr talentiertes Mitglied namens »Tommy« heute noch in hohen Ehren. Es hatte vier Pfoten und war eine Katze. Tommy pflegte an allen Veranstaltungen des Vereins (mit alleiniger Ausnahme der Vorstandssitzungen, die ihn langweilten) teilzunehmen, auch an den Bierabenden: dabei trug er einen Strohhut, trank ab und zu einen Schluck und tat auch gelegentlich einen Zug an einer Zigarre.

In allen Teilen der Welt, wahrscheinlich schon in uralten Zeiten, tragen Katzen die Namen »Pussy«, »Kitty«, »Mieze« in den verschiedensten Ableitungen. Der Name »Mau«, entsprechend dem Katzenlaut Miau, ist die alte ägyptische Bezeichnung für »Katze«, und in China heißt die Katze seit undenklichen Zeiten »Mao«. Die englische Bezeichnung »Kitten«, deutsch etwa »Kätzchen«, stammt mit großer Wahrscheinlichkeit von dem türkischen Wort »Kedi«.

Doch mögen Sie Ihre Katze rufen, wie Sie wollen, der Name ist sicher nur ein Teil des Spaßes, den Sie an ihr haben. Die wichtigste Frage vom Blickpunkt der Katze aus ist jedenfalls die, wie sie *Sie* nennen würde, wenn sie unsere Sprache sprechen könnte ... Hoffentlich hat sie keinen Grund, Sie als »Herr Trampel«, oder »Fräulein Böse Hexe«, oder »Altes Großmaul«, oder »Frau Läppisch« zu bezeichnen. Jedenfalls bin ich davon überzeugt, daß unsere Katzen einen gewissen Humor besitzen und es auch ohne Worte verstehen, uns wissen zu lassen, was sie von unserem nicht »katzengemäßen« Benehmen halten, manchmal mit einem bemitleidenden Blick, einem verächtlichen Zukken des Schwanzes, oder, wie es ein englischer Schriftsteller schildert, mit einem kühlen, wohlberechneten Blick ungeheuren Hochmuts, der einer Herzogin würdig wäre, deren Schwiegertochter »nicht in unsere Kreise paßt, Sie verstehen schon«.

Katzen hassen nichts so sehr wie Menschen, die sich dreist und taktlos mit ihnen anbiedern wollen, laute Stimmen haben und Verwirrung in den regelmäßigen Tagesablauf bringen. Befleißigen Sie sich daher, wenn Sie sich als guterzogener Katzenfreund beweisen wollen, stets eines ruhigen, gesitteten Tonfalls, sobald Sie zu Ihrer Katze sprechen oder in ihrer Nähe sind.

Katzen mögen es auch nicht, wenn die Möbel in den Zimmern umgeräumt werden, in denen sie es sich bequem gemacht haben. Ewig unruhige Menschen, die alle Nasen lang ihre Einrichtung anders arrangieren, haben keine Ahnung, was einer Katze gefällt. Desgleichen verderben es aufgeregte und stets eilige Leute mit den an und für sich nervösen Tieren, die eine geruhsame Umgebung brauchen, um sich wohl zu fühlen. Ferner mögen es Katzen nicht, auffällig und aufdringlich umschmeichelt zu werden. Wer mit Katzen umzugehen versteht, zeigt seine Zuneigung durch sanftes Streicheln, niemals durch Klopfen. Jeder, der ein Katzenfell gegen den Strich streicht und aufrauht, oder der mit einer Katze herumtanzt, oder sie beiseite stößt, gilt als unangenehmer Hausgenosse. Die meisten Katzen überhören auch mit Absicht, wenn nach ihnen gepfiffen wird. Der Laut, auf den eine Katze am besten hört, wenn Sie sie heranrufen wollen, ist das Zuklappen Ihres Kühlschranks, das Klappern mit einer Schüssel und dergleichen Geräusche, die sie mit einem ihr angenehmen Begriff verbindet. Sie geruht dann gewöhnlich zu erscheinen, vorausgesetzt, daß sie gerade dazu in der Laune ist. Katzen wollen überredet werden; sie lassen sich nicht kommandieren wie der unterordnungswillige Hund, und das ist der Punkt, wo sich die Geister der »Katzennarren« und der »Hundefreunde« scheiden: dem einen liegt ein Hausgenosse, der sich ihm fügt, dem anderen einer, dem er sich fügen muß. Wenn Sie Ihre Katze freundlich einladen, dies oder das zu tun, und ihr viel Zeit lassen, darüber nachzudenken, wird sie allmählich lernen, Ihren »Vorschlägen« zu folgen, ganz besonders, wenn sie mit einer Belohnung bestochen wird. Nur müssen Sie stets fest darauf bestehen, denn die Katze lernt schnell zu unterscheiden, wer es ernst meint und wer nicht; sie besitzt einen angeborenen Respekt vor diszipliniertem Benehmen.

Viele Katzen bleiben gern für sich und mögen es nicht, auf den Arm genommen und gestreichelt zu werden. Hat man diesen Typ erwischt, so bleibt dem Katzenbesitzer nichts übrig, als seinen Schatz von ferne zu bewundern und sich damit abzufinden, wie er nun einmal ist. Manchmal ändert die Katze mit der Zeit ihren Sinn.

Hier möchte ich eine Warnung einfügen: Nehmen Sie niemals eine fremde Katze hoch und halten Sie niemals eine Katze fest, es sei denn, Sie könnten alle vier Pfoten packen. Es ist nämlich nicht vorauszusagen, wie sich die Katze verhalten wird. Leute, die Katzen kennen, denken im Traume nicht daran, sie zu etwas zu zwingen, obwohl es Menschen gibt, die ein einzigartiges Talent dafür haben, Katzen anzuziehen, wo sie auch hingehen.

Eine Kunstmalerin meiner Bekanntschaft gehört zu den Letztgenannten. Als sie vor einigen Jahren den Winter in Italien in einer Villa verbrachte, versammelten sich in Kürze 14 Katzen von irgendwoher um sie und blieben bei ihr. Nachdem die Zeit ihres Aufenthaltes abgelaufen war und sie Anstalten für ihre Abreise traf, schienen die inzwischen wohlgenährten Katzen zu wissen, was vorging; jedenfalls verschwanden alle, als ihre Koffer aus dem Haus getragen wurden.

Dieselbe Anziehungskraft auf Katzen hat eine ältere Dame meiner Bekanntschaft, die ich absichtlich nicht als eine »alte« Frau bezeichne, denn es ist wahrscheinlich ihr Umgang mit Katzen, der die Achtzigjährige so jung erhalten hat, wie sie ist. Sie kommt mit allen Katzen so ausgezeichnet zurecht, daß sie zur Katzenhüterin ihres ganzen Freundeskreises geworden ist. Sie hütet in regelmäßigen Zeitabständen einen richtigen Katzenkindergarten in einem Farmhaus in Connecticut.

Menschen, die diese bestimmte, Katzen anziehende Aura besitzen, können auch mit fremden, verängstigten Katzen ohne weiteres umgehen. In ihren Händen werden sie lenkbar und zugänglich, wenn sie sie in Kellern oder anderen Verstecken aufstöbern, in die man die Katzen verbannt hat oder in denen sie sich verloren haben.

Allen Neulingen und unerfahrenen Katzenfreunden gebe ich jedoch den dringenden Rat, so heikle Aufgaben nicht zu übernehmen. Es ist weiser, erst einmal an *einer* Katze zu lernen, auf was für Einfälle und Eigenheiten man gefaßt sein muß, ehe man sich mit anderen abgibt. Erst wenn die Lektion an *einem* lebenden Beispiel durchexerziert und begriffen worden ist, ist es ratsam, es mit mehreren Katzen aufzunehmen, weil man dabei auf Streitereien gefaßt sein muß. Da sie vollständig in sich selbst abgeschlossene und von sich überzeugte Persönlichkeiten sind, treten Katzen den Menschen immer auf der Basis von »gleich zu gleich« entgegen und kommen folglich nur mit Leuten in engen Kontakt, die ihnen diese Illusion lassen – falls es wirklich nur eine Illusion sein sollte. Nach Auffassung einer Katze gehört beispielsweise das Haus, in dem Sie beide wohnen, zu gleichen Teilen ihr wie Ihnen. Vom höchsten Regal bis zur untersten Schublade betrachtet sie das Haus als ihr rechtmäßiges Herrschaftsgebiet, in dem sie, wenn man sie gut behandelt, vergnügt umherstreift und tut und läßt, was sie will. Im Gegensatz dazu wird eine sehr verängstigte oder als kleines Kätzchen mißhandelte Katze immer darauf ausgehen, sich zu verstecken und in irgendeinem Winkel zu verweilen. Es dauert lange, bis man solche Katzen von ihren neurotischen Angstgefühlen befreien kann.

Normale, freundlich großgezogene, gesunde Katzen kennen keinerlei Ehrfurcht vor unseren Gebrauchsgegenständen; sie betrachten unser schönes neues Sofa als willkommenen Gegenstand, ihre Krallen zu wetzen, und unsern Schreibtisch als prächtig geeignet, sich im Spiel zwischen den darauf aufgehäuften Akten und Büchern zu verstecken. Somit ist es jetzt an der Zeit, darüber zu sprechen, wie Sie Ihr Heim am besten vorbereiten, wenn Sie eine Katze bei sich aufnehmen wollen – es sei denn, Sie planen, die Katze ständig eingesperrt zu halten, was sie Ihnen bald durch anhaltendes, durchdringendes Jaulen abgewöhnen dürfte. Jeden-

falls ergeben sich viele Probleme, die gelöst werden müssen, wenn man seine Stadtwohnung mit einer oder mehreren Katzen teilen will.

Katzen, die in der Stadt gehalten werden, stehen einerseits größeren Gefahren gegenüber und haben auf der anderen Seite weniger Möglichkeiten, ihre überschüssigen Kräfte auszutoben wie ihre Vettern auf dem Lande. Wertvolle Katzen müssen jedoch auch bei ländlichen Wohnverhältnissen meistens ins Haus genommen werden, damit sie den Witterungsunbilden und den Angriffen ihrer natürlichen Feinde nicht ausgesetzt sind. Somit sollte jeder Haushalt, ob in der Stadt oder auf dem Lande, in dem Katzen gehalten werden, sorgfältig eingerichtet sein. Zur Beruhigung katzenliebender Familien sowie für die Sicherheit der Katzen und für ihre Gesunderhaltung halte ich es für sehr nützlich, wenn die Winke und Ratschläge befolgt werden, die ich hier gebe; sie ziehen das Fazit aus den Erfahrungen erprobter, alter Katzenhalter und werden das Zusammenleben mit Ihrer Katze für Sie und das Tier leichter und vergnügter machen.

Die scharfen Krallen

Mögen Sie Ihre Katze noch so heiß lieben, die Zerstörungen, die sie mit ihren Krallen anrichtet, werden Sie nicht übersehen, ja auf die Dauer nicht ertragen können, denn sie betätigt ihre Waffen mit Vorliebe an Polstermöbeln, Decken oder Kissen. Daher sind Pfosten zum Krallenschärfen ein unbedingtes Erfordernis für jedes Haus, in dem Katzen gehalten werden. Am besten umkleidet man diese Pfosten mit Teppichstoff oder anderem geeignetem Material, das mit Katzenminze getränkt wird. Man kann solche Pfosten in manchen Tierhandlungen kaufen, sie aber mit einiger Geschicklichkeit auch selbst basteln, in der Größe und dem Umfang entsprechend dem Alter und der Größe Ihrer Katze. Je nach der Beschaffenheit Ihrer Wohnung werden Sie vielleicht praktischerweise mehrere derartige Pfosten aufstellen, nämlich in jedem Zimmer, das der Katze zugänglich ist, einen.

Wenn man dem Kätzchen in frühester Jugend beibringt, daß es an nichts anderes herangehen darf und daß dieser Pfosten sein alleiniges Eigentum ist, lernt es schnell, ihn zu benutzen. Eine erwachsene Katze benötigt natürlich einen größeren und stabileren Pfosten, um Ihre Polstermöbel vor ihren scharfen Krallen zu bewahren.

Es gibt keinen Grund, warum Ihre Katze nicht in Ihrem Wohnzimmer spielen sollte, wenn Sie sich darin aufhalten. Doch ist da eine Grenze, wenn das Toben zu wild werden sollte. Diesfalls muß sie in ein Zimmer gebracht werden, in dem sie sich nach Herzenslust tummeln kann, ohne irgendwo Schaden anzurichten. Ihre Katze lernt allmählich, wenn Sie mit freundlicher Konsequenz entsprechend handeln, daß sie bei Ihnen bleiben darf, sofern sie sich gut benimmt, auch wenn Gäste zugegen sind, und daß sie hinausgebracht wird, sofern sie es nicht tut. Henrietta Hitchcock, die bekannte, selbst mit fünf Katzen lebende Schriftstellerin, eine Autorität in allen Fragen, die Katzen betreffen, empfiehlt, Tischlampen und alles, was leicht umfällt, entweder anzuschrauben oder zu entfernen.

Hat die Katze in einer Wohnung Zutritt zu allen Räumen, so ist ein Sprühmittel, das für Katzennasen unangenehm riecht, unentbehrlich. Es muß an allen Stellen versprüht werden, welche die Katze nicht aufsuchen soll, beispielsweise auf die Rücken- und Armlehnen sowie auf die Beine aller Möbelstücke, die sie sich zum Zerkratzen aussuchen könnte. Am besten ist es, solche Gegenstände mit Plastikstoff zu umhüllen, der regelmäßig mit dem Sprühmittel behandelt wird. Das hilft bestimmt. Erfinderische Katzenbesitzer lassen gelegentlich, besonders wenn sie mehrere Katzen halten, die ab und zu eine wilde Jagd durch die Zimmer veranstalten, mit feinem Drahtgewebe oder Fenstergaze bespannte Türen zwischen den Zimmern, in denen sich die Katzen aufhalten dürfen, und jenen, in denen es ihnen nicht gestattet ist, einsetzen. Dadurch wird verhindert, daß sich die empfindlichen Katzen ausgesperrt oder verstoßen vorkommen.

Bei Neuanschaffungen von Polstermöbeln oder Teppichen muß man besonders wachsam sein, weil Katzen alles Neue genau inspizieren und dann ihre Krallen daran wetzen. Um ihre Neugier zu befriedigen, soll man ihnen erlauben, den betreffenden Gegenstand genau in Augenschein zu nehmen, sie jedoch mit freundlicher Energie im selben Moment am Kratzen verhindern, in dem sie den ersten Versuch unternehmen. Handelt es sich um gutartige, gehorsame Katzen, so genügt meist eine mehrmals wiederholte Warnung. Falls nicht, bediene man sich oft und ausgiebig des Sprühmittels.

Abschließend kann ich Ihnen auch zu einer neuerdings von tierärztlicher Seite empfohlenen, ein für alle Mal wirksamen Maßnahme raten: nämlich, die Krallen der Vorderpfoten wegoperieren zu lassen. Das ist ein einfacher und schmerzloser Eingriff, der gleichzeitig mit der Sterilisation, in derselben Narkose, vorgenommen werden kann. Für die im Haus gehaltene, liebevoll umsorgte Katze, die es weder nötig hat, auf Bäume zu flüchten, noch mit Feinden zu kämpfen, ist das eine Maßnahme, die man befürworten kann, zumal die Krallen der Hinterpfoten intakt bleiben, weil die Katze sie beim Springen braucht.

Was einer Katze Schaden zufügen kann

Alle Insekten-Vertilgungsmittel, die DDT enthalten, können Katzen gefährlich werden. Mir sind Fälle bekannt, in denen das Gift gewirkt hat, obwohl es nicht einmal in der Wohnung, in der die Katzen lebten, sondern in einer anderen angewendet, aber durch Kellerasseln, Ameisen oder andere Insekten eingeschleppt worden war.

Um solchen Unglücksfällen vorzubeugen, eingeschlossen das Verschlucken von Insekten, die mit DDT in Berührung gekommen sind, benutze man selbst nur Vertilgungsmittel, die für Katzen unschädlich sind.

Schnüre, Bänder, Garn und Zwirn können die Katzen ebenfalls gefährden, weil sie eine ausgesprochene Schwäche haben, damit zu spielen, und sie dann manchmal verschlucken. Das Zeug verwickelt sich dann im Darm und schnürt ihn ab. Obwohl der Tierarzt operativ eingreifen kann, wenn es passiert ist, können die Folgen doch tödlich sein. Meistens merkt man es auch viel zu spät. Eine verschluckte Nadel ist natürlich noch schlimmer; sie kann schon beim Abschlucken Verletzungen verursachen oder sich in einem lebenswichtigen Organ festsetzen, wo es dann großer ärztlicher Kunst bedarf, um sie herauszuholen. Am besten ist es also, alle Nähsachen, desgleichen Streichhölzer, Nadelkissen, Flaschen und dergleichen so aufzubewahren, daß sie für die Katze nicht erreichbar sind. Und seien Sie wachsam bezüglich verschwundener Nadeln und Garnrollen, Bindfaden oder Glasscherben im Papierkorb – sehr beliebte Gegenstände für Katzenspiele! Ebenso kann Cellophan der Katze Schaden bringen; sie liebt es, weil es raschelt. Wenn sie es verschluckt, wird es im Darm hart und scharf und verursacht innerliche Verletzungen.

Blattpflanzen und Blumensträuße bilden ebenfalls eine Verlockung für Katzen. Sie knabbern daran an Stelle von Grashalmen und gewissen Kräutern, die ihnen bei einem Leben im Freien zur Verfügung stehen. Es ist keine leichte Aufgabe, sie davon abzuhalten, doch leider sind gewisse Blattpflanzen für Katzen giftig, während andere ihnen eine Magenverstimmung eintragen, z. B. zu reichlich genossene Katzenminze. Um die Pflanzen zu bewahren und den Katzen Grünzeug zu verschaffen, das ihnen von Nutzen ist, weil es ihnen hilft, Haarballen aus dem Magen zu befördern, säen manche Katzenliebhaber Hafer in flache Schüsseln. Er geht schnell auf, und wenn man ihn dann aufs Fensterbrett stellt, wo er nett aussieht, verschafft er der Katze ihren »grünen Salat«.

Vasen mit Blumen und Zimmerpflanzen sollten reichlich mit

dem schon erwähnten Mittel besprüht werden, denn eine umgeworfene Vase, aus der das ein paar Tage alte, faulige Wasser ausläuft, tut weder den Teppichen oder umherstehenden Möbelstücken gut, noch der Katze, die sich an den Porzellan- oder Glasscherben verletzen und durch das Wasser krank werden kann, falls sie davon kostet.

Als Letztes seien für Haushaltungen mit Katzen noch leichte Drahtgitter oder mit Fenstergaze bespannte Rahmen vor den Fenstern empfohlen, denn in städtischen Mietshäusern werden die Katzen dadurch gehindert, aus oberen Stockwerken auf die Straße zu stürzen, und in ländlichen Verhältnissen am Entlaufen mit seinen ungewissen Schicksalen.

Wo und wie soll die Katze schlafen?

Alle Katzen glauben, ein Anrecht auf Kissen und Decken zu haben, und machen daher mit den Ihrigen keine Ausnahme, am wenigsten mit Ihrem Bett. Entsprechend ihrem ererbten Dschungelinstinkt fühlen sich Katzen an erhöhten Stellen am sichersten. Sie bevorzugen Plätze auf Schränken, Regalen, Fensterbrettern oder in Schubladen, von wo aus sie die »Gegend« unter sich im Auge halten können, und lieben es außerdem, ihren Schlafplatz zu verändern.

Katzenkissen oder baumwollene Katzendecken, die man aus Resten von ausgedienten Bettüchern herstellen und auf den beschriebenen Stellen auslegen kann, geben der Katze die Auswahl an Lagerstätten, die sie wünscht, und bewahren Sie vor Ärger. Wenn Ihre Katze trotzdem darauf bestehen sollte, sich etwa auf der frisch gewaschenen Wäsche in Ihrem Wäscheschrank oder auf dem Kühlschrank niederzulassen, dann benutzen sie eifrig und reichlich das Sprühmittel. Überdies dürfen Sie nicht vergessen, die Türen zu den verbotenen Räumen geschlossen zu halten.

Sollte ein kleines Baby im Haus sein, ist es unbedingt nötig, das Babykörbchen oder -bettchen abzuschirmen, da Katzen es lieben, bei Menschen zu schlafen, und es daher nicht ausgeschlossen ist, daß sie ein Kindchen erschrecken, wenn sie zu ihm auf sein Lager springen.

Manche meiner Klienten machen mit kleingeschnittenem Papier in alten Hutschachteln Lager für ihre Katzen zurecht, weil sie sich gern tief in etwas Weiches hineinkuscheln. Bei uns gibt es auch Katzenlager zu kaufen, die an Schreibtischschubladen erinnern, die sich Katzen mit Vorliebe zum Schlafen aussuchen.

In überheizten Zimmern legen sich besonders Langhaarkatzen gelegentlich auf den Boden, wo sie leicht getreten werden können, während Kurzhaarkatzen gern auf den Heizkörpern schlafen, was ebenfalls schädlich ist. Man sollte in solchen Fällen eine List aussinnen, um seine Katze an ein eigenes Bett zu gewöhnen. Einer meiner Bekannten stellt zum Beispiel ein Kistchen auf einen Tisch neben eine Lampe, die eine seiner Katze angenehme Wärme ausstrahlt. Und wenn Sie ein junges Kätzchen aufziehen, so bedenken Sie, daß es, vom Spiel ermüdet, einzuschlafen pflegt, wo es sich gerade befindet. Sobald man es entdeckt (man sollte junge Kätzchen ja nie lange aus den Augen lassen!), nimmt man es vorsichtig hoch und trägt es in sein warmes und gut gepolstertes Bett. Mit der Zeit merkt es sich dann, daß es dort am besten aufgehoben ist.

Wenn alle diese Maßregeln nicht helfen, rate ich stets zur Anschaffung eines Katzenkäfigs. Solche Käfige kann man in größeren Tierhandlungen kaufen. Darin kann die Katze über Nacht eingeschlossen werden, doch muß man den Behälter durch Kissen und Decken für die Katze behaglich machen und ihr außerdem jeden Abend ein gutes Häppchen hineinlegen. Ein solcher Käfig ist auch sehr praktisch, wenn die Katze einmal krank wird oder sich verletzt hat. Sie liegt darin geschützt, hat es bei besonders warmem Wetter kühl, wenn man dann Kissen und Decken wegnimmt, so daß sie sich auf den bloßen Innenboden legen kann, andererseits bei Kälte besonders schön warm, weil sich in dieser kleinen komfortablen Hütte nötigenfalls ein Heizkissen verwenden läßt.

Ratschläge für die Katze auf Reisen

Wer eine Katze hält, sollte sich auf jeden Fall einen Transportbehälter anschaffen. Das ist nicht nur zweckmäßig, wenn man mit der Katze reisen will, sondern auch, wenn man sie zum Tierarzt bringen muß, oder wenn unvorhergesehene Umstände irgendwelcher Art eintreten. Es braucht beispielsweise nur einmal ein Feuer auszubrechen; dann ist die Katze nirgends sicherer aufgehoben als in einem verschließbaren Behälter; in solchen Fällen werden nämlich Katzen oft hysterisch vor Angst, beißen und kratzen um sich und versuchen davonzulaufen.

Pappkartons sind für solche Zwecke nicht geeignet, denn die kluge Katze kann sich mit Hilfe ihrer Krallen in kurzer Zeit daraus befreien. Überdies sollte die Katze gleich an den Behälter gewöhnt werden. Wenn sie ihn vorher lange betrachten und genau untersuchen darf, wird sie sich später nicht sträuben, wenn sie hineingesetzt wird. Die häufig angebotenen Transportbehälter aus durchsichtigem Plastikmaterial sind unzweckmäßig, denn die nervöse Katze ängstigt sich dann, wenn sie durch belebte Straßen getragen oder gefahren wird. Ich empfehle immer Behälter aus Sperrholz mit einem Gitter an einer Schmalseite. Die Katze fühlt sich darin beschützt, kann hinaussehen, und bei schlechtem Wetter kann man ein leichtes Tuch über das Gitter hängen. Scheue Katzen fühlen sich in einem relativ kleinen Behälter am wohlsten, in dem sie sich zusammenrollen können und der für kurze Reisen durchaus genügt. Im Sommer sind größere Behälter besser; das gilt auch dann, wenn sich die Katze häufiger darin aufhalten soll. Achten Sie beim Kauf darauf, daß der Behälter auf den Boden oder auf den Rücksitz Ihres Autos paßt, denn bei Autofahrten ist eine Katze stets am besten in einem Behälter aufgehoben; wird sie auf dem Schoß gehalten, so kann sie plötzlich aufspringen und ins Lenkrad geraten. Hält man sie auf dem Schoß, so muß die Katze beim Fahren unbedingt ein Geschirr tragen und an der Leine gehalten werden, sonst besteht stets die Gefahr, daß sie unverhofft hinausspringt und unter einen Wagen gerät. Nimmt man sie in einem Behälter mit, so wird für ihre kleinen Bedürfnisse ein Sandkasten hineingestellt. Hält man sie auf dem Schoß, so muß man sich mit einem Lappen und Papier behelfen. In Eisenbahnen darf man Katzen meistens im Abteil mitführen, wenn sie in einem festen Behälter reisen, aus dem sie sich nicht befreien können. In dieser Beziehung muß man wissen, daß Katzen ausgezeichnete, geradezu gerissene Öffner von Verschlüssen sind. Wir haben in unserer Klinik ausprobiert, daß einzig ein sicheres Vorhängeschloß ihren Bemühungen widersteht; jeden Haken und jeden Riegel bekommen sie auf. Selbstverständlich gelten dieselben Vorsichtsmaßnahmen, wenn man Katzen per Flugzeug verschickt.

Es gibt Katzen, die sich auf Reisen übermäßig erregen. In diesem Fall sucht man besser vorher einen Tierarzt auf, läßt sich ein Beruhigungsmittel verschreiben und auch im Hinblick auf die richtige Temperatur und Diät beraten, besonders wenn es sich um eine der sich leicht erkältenden Kurzhaarkatzen handelt. Er wird Ihnen vor allem empfehlen, die Katze mehrere Stunden vor Antritt der Reise nicht zu füttern und ihr, wenn sie in einen Behälter gesetzt wird, kein Halsband oder Geschirr umzutun, denn es ist schon häufig vorgekommen, daß sich Katzen damit unterwegs stranguliert haben. Der Tierarzt wird Ihnen auch eine vorbeugende Diät empfehlen können zur Verhütung von Verstopfung, an der die meisten Katzen *nach* einer längeren Reise leiden. Im Notfall kann er Ihnen eine gute Katzenpension nennen, wenn Ihre Katze für eine Reise zu nervös ist.

Die Katze will spielen

Sie mögen darüber denken, wie Sie wollen: Katzen lieben einen allzu ordentlichen Haushalt nicht, sie langweilen sich darin. Lassen Sie also ruhig oft einmal etwas herumliegen (nur keine Nadeln, kein Garn, keine Scherben); eine Katze hat das gern und hilft Ihnen bestimmt mit Vergnügen, Unordnung zu machen, falls keine vorhanden sein sollte! Immerhin haben auch viele Katzenhalter, einschließlich der Junggesellen meiner Prägung, ihren Haushalt lieber in ordentlicher Verfassung und haben daher Auswege gesucht und gefunden, wie den Wünschen ihrer Katzen nachgegangen werden kann, ohne die eigene Ordnungsliebe zu verletzen. Der Kompromiß ist: Spielzeug für die Katzen beschaffen! Sie brauchen das zu ihrer Erholung, wie wir Menschen nach Büchern, Sport und Fernsehen Verlangen tragen.

Einzeln gehaltene Katzen leiden besonders unter Langeweile. Wenn sie nicht eigene Spielsachen haben, suchen sie das Haus eben nach Dingen ab, die zu ihrer Belustigung dienen könnten. Schlüsselringe, leere Milchdosen, Papierbälle, Uhrketten, Troddeln und Quasten, Gardinenschnüre – alles kommt ihnen gelegen. Sorgen Sie also vor, und geben Sie Ihrer Katze eine Auswahl von Gegenständen, die ihrem Geschmack entsprechen; dann laufen Sie nicht – oder doch in weit geringerem Maß – Gefahr, Ihre besten Schuhe, Krawatten oder Gürtel angenagt zu finden, wenn Sie nach Hause kommen. Würde man alle Katzen, denen ich beim Spielen verschluckte Fremdkörper aus dem Magen operieren mußte, aneinanderlegen, so käme eine kilometerlange Reihe heraus. Und merken Sie gut auf, wenn ich aufzähle, was da aus den Katzenmägen zum Vorschein kam: Kragenknöpfe, Seidenröllchen, Schnurenden, Eicheln, Ringe, Bleistiftreste, Lockenwickler, Kofferschlüssel, Radiergummis – und so weiter und so fort. Um dergleichen unnötige und kostspielige Zwischenfälle zu vermeiden, lassen Sie Ihre Katze beispielsweise in Ihrem Flur oder Korridor nach Herzenslust mit dem besonders für sie beschaff-

ten, ungefährlichen Spielzeug spielen, wenn sie unbeobachtet daheim bleiben muß.

Viele Spielzeuge, die in den Tierhandlungen angeboten werden, sind jedoch nicht empfehlenswert. Sie können dergleichen auf einfache Weise selbst herstellen. Ein Stück sehr dicke Schnur oder breites Gummiband ist anziehend für die Katze. Sie müssen nur zunächst aufpassen, ob sie nicht versucht, es zu verschlucken. Wenn ja, nehmen Sie es ihr weg und versuchen Sie es mit etwas anderem, beispielsweise mit einem Ball oder einer kleinen Vollgummihantel. Der Gegenstand darf auf keinen Fall etwa einer Maus oder einem Käfer ähneln, denn dann verschluckt sie ihn, darauf kann man wetten. Eines der besten Katzenspielzeuge, die mir bekannt sind, ist ein Stück Stahlblech, das an der Wand befestigt wird. Daran hängt eine Spiralfeder mit einem Spielbällchen, das von einer Gummischnur gehalten wird. Wenn Sie die Platte in der Nähe des Pfostens zum Krallenschärfen anbringen, können Sie sicher sein, daß Ihr Liebling für Stunden beschäftigt ist. Es gibt aber auch andere, ganz einfache Sachen, mit denen man Katzen erfreuen kann, etwa eine kleine Leiter oder Treppe zum Hinaufklettern, ein Kistchen, in das sie hinein-, hinaus- und hinaufspringen können, und viele ähnliche Dinge.

Wenn die Katze den ganzen Tag sich selbst überlassen war, ist es unbedingt empfehlenswert, sofern Sie mit Ihren Familienmitgliedern eine ruhige Nacht haben wollen, abends eine Weile mit ihr zu spielen. Um die Dämmerstunde, die die Engländer bezeichnenderweise »Cat-light« nennen, werden die meisten Katzen ruhelos. Sorgt man dafür, daß sie ein wenig Unterhaltung haben, wobei sie sich lebhaft bewegen, so ist das weise.

Der französische Staatsmann und Essayist Montaigne erklärte gelegentlich, während er mit seiner Katze spielte: »Wer kann mit Sicherheit sagen, ob ich ihr dadurch nicht mehr Vergnügen bereite als sie mir?« Auf der gleichen Linie liegt, was mir unlängst eine sehr beschäftigte Dame von ihrer bildschönen, aus Paris mitgebrachten weißen Katze erzählte: »Sie versteckt sich abends immer, wenn ich nach Hause komme, um dann aus einem Winkel, in dem ich sie am wenigsten vermutet hätte, plötzlich hervorzuspringen. Es fehlt bloß noch, daß sie dabei ›Buuuh!‹ macht.«

Eine andere, sehr beschäftigte Frau aus meiner Katzenbekanntschaft bindet sich abends ein Stück Schnur um ein Fußgelenk. Während sie ihren häuslichen Obliegenheiten nachgeht, folgt ihr die Katze und findet das Spiel mit der Schnur höchst unterhaltsam. Manche Katzen kann man auch lehren, Gegenstände herbeizuholen, was ihnen dann viel Spaß bereitet.

Jeder kann dergleichen harmlose Unterhaltungen für seine Katze ausdenken. Und ich halte es für die Pflicht jedes Katzenhalters, sich diese kleine Mühe zu machen, wenn sein Tier allein ist und in der Wohnung eingeschlossen lebt. Da Katzen sehr klug sind, leicht begreifen und überaus interessiert an allem Neuen sind, ist es sicher, daß sie in einer eintönigen, langweiligen Umgebung leiden.

Um die häufig wiederholte Behauptung, Katzen taugten nicht dazu, abgerichtet zu werden, zu widerlegen, erzähle ich die Geschichte einer Gruppe von Katzen-Artisten, die ich in Hollywood kennengelernt habe. Dort erschien eines Tages ein Mann mit einer »Pagliacci« genannten Hauskatze bei mir, legte einen Blankoscheck auf meinen Schreibtisch und sagte: »Fordern Sie, was Sie wollen, aber machen Sie diese Katze, den Star meiner Gruppe dressierter Katzen, schnell wieder gesund.« Pagliacci litt an einer schweren Blasenkrankheit. Es ergab sich in der Folge, daß ich auch mit den übrigen sechs miauenden Artisten näher bekannt wurde, die ihre Künste in einem fashionablen Nachtklub zeigten. Ich werde die wahrhaft erstaunlichen Kunststücke, die ihnen der Manager mit unendlicher Geduld und großer Liebe beigebracht hatte, nie vergessen. Sie waren zum Beispiel imstande, über ein gespanntes Seil zu laufen, zusammen zu tanzen, Boxkämpfe miteinander auszutragen, ein Wägelchen zu schieben und hohe Leitern zu erklettern. Die meisten Kunststücke führten sie auf den Hinterbeinen gehend vor, und ich darf nicht vergessen, hinzuzufügen, daß es auch eine Nummer gab, bei der sich die sieben Katzen als Familie – Mutter, Vater, Kinder samt einem Kätzchen in einer Puppenwiege – genau wie Menschen benahmen. Der Papa ging sogar wie ein Menschenvater mit seinem Baby an der Hand spazieren.

Obwohl meine ausgesprochene Vorliebe für Katzen, schon im Kindesalter an meinem geliebten Kater Smoky bewiesen und als Erwachsener in meiner tierärztlichen Praxis fortgesetzt, mir wirklich ungewöhnliche und zahllose neue Erkenntnisse über sie eingetragen hat, so gestehe ich doch, daß diese schauspielernden Katzen mir bis dahin ungeahnte Einblicke in ihre versteckten Talente gewährt haben.

Da ich in diesem Buch fast stets die Bezeichnung »die Katze« verwende, und zwar der Kürze wegen, möchte ich ausdrücklich erwähnen, daß die natürlichen Talente der Katze mit dem Geschlecht nichts zu tun haben. Allerdings ist »sie«, wie bei uns Menschen, häufig gelehriger als »er«. Im Grunde aber ist es möglich, jede gesunde Katze zu belehren, zu erziehen und ihr das eine oder andere Kunststückchen beizubringen. Der einzige »Trick« dabei ist Ihre eigene Geschicklichkeit, mit Ihrer Katze umzugehen.

Behandeln und mißhandeln

Es gibt eine goldene Regel als oberstes Gebot beim Umgang mit Ihrer Katze: »Behandeln Sie sie so, wie Sie selber behandelt werden möchten.« Die normale Katze reagiert, genau wie Sie oder ich, willig auf eine freundliche Stimme, auf sanftes Berühren und liebenswürdige Umgangsform. Diktatorische Erziehungsmethoden verfangen bei einer Katze nicht, und außerdem darf man nie ihre Fähigkeit unterschätzen, Ihre wahren Motive zu durchschauen. Die Katze bewegt sich ihrer Natur entsprechend sehr vorsichtig unter Menschen; infolgedessen erkennen viele nicht, was in ihr steckt, und vernachlässigen ihre methodische Erziehung. Trotzdem – ich höre förmlich den Beifall, den mir Tausende von Katzenkennern bei dieser Feststellung zollen! – besteht keinerlei Zweifel mehr über ihre Fähigkeit zu lernen. Wieder und wieder haben schauspielernde Katzen im Zirkus und im Varieté es bewiesen.

Das besagt aber durchaus nicht, daß Sie ein berufsmäßiger Dresseur sein müßten, um Ihrer Katze Kunststücke beizubringen, sei es aus reiner Freude an der Sache oder aus praktischen Erwägungen. Die eben angeführten sieben einfachen Hauskatzen bewiesen außerdem, daß dazu keineswegs ein erstklassiger Stammbaum nötig ist, daß vielmehr jede Katze sich zum Lernen eignet, wenn ein geschickter, mit großer Geduld begabter Mensch ihr Lehrer ist. Es ist nie zu früh, um mit einem Kätzchen einen Lehrgang zu beginnen, aber auch meistens für ältere Katzen noch nicht zu spät, ein paar lustige kleine Tricks zu lernen, vor allem aber alles, was sich für eine Katze gehört, die in einem zivilisierten Haushalt lebt. Selbstverständlich müssen *Sie* sich die Zeit dazu nehmen; die Katze ihrerseits bedarf nur der nötigen Konzentration. Der kluge Katzenlehrer wird, wenn er versucht, die Fähigkeiten der Katze auszubilden, bald seinerseits lernen, sie geschickt entsprechend ihren Stimmungen zu lenken, in Berechnung zu ziehen, was sie mag, was nicht, und wie lange er ihre Aufmerksamkeit fesseln kann.

Beispielsweise ist es nutzlos, von einem Kätzchen unter acht Monaten zu erwarten, daß es sich längere Zeit konzentrieren soll. In diesem Alter wird seine Aufmerksamkeit noch von jeder Kleinigkeit abgelenkt, vom Ticken einer Uhr bis zu einem über den Spiegel huschenden Lichtschein. Entsprechend dem, was man von einem Menschenbaby weiß, muß man sich bei einem jungen Kätzchen ebenfalls darauf beschränken, daß es brav seine Portion ißt, lernt, an welchem Ort es schlafen und wo es seine Bedürfnisse erledigen soll. Ist es dann zur jungen Katze herangewachsen, kann man mit dem »Elementarkurs« beginnen.

Bis ein Kätzchen so weit ist, daß es in den Tagesablauf der Familie einbezogen werden kann, braucht es ausschließlich liebende Fürsorge, ungestörten Schlaf und geduldige, immer wiederholte Hinweise. Ideal ist es, wenn man ihm eine Art »Kinderzimmer« zur Verfügung stellen kann, in dem es nach Belieben herumtoben darf, ohne Schaden anzurichten oder selber zu erleiden. Wenn es so von früh auf an einen Raum gewöhnt wird, empfindet das Kätzchen es nicht mehr als Eingesperrtsein, wenn es sich später ergibt – und selbstverständlich bleiben solche Gelegenheiten nicht aus –, daß es einmal allein bleiben muß und dann nicht in der ganzen Wohnung herumturnen kann.

Ratsam ist, die Möbel in diesem Zimmer so anzuordnen, daß das Kleine keine Gelegenheit hat, Kletterkunststücke auszuführen und dann herabzustürzen und sich die Glieder zu brechen. Schnüre und andere Dinge, die es verschlucken könnte, sind sorgsam zu vermeiden. Das Sandkästchen, mit Sand, Papierschnitzeln und, noch besser, mit der in allen Tierhandlungen zu kaufenden desodorierenden Katzenstreu, muß vorhanden sein, und es muß mehrere Schlafmöglichkeiten geben, an Plätzen, von denen anzunehmen ist, daß sie ihm zusagen.

Nachdem wir somit ausführlich darüber gesprochen haben, wie wir unser Haus für die Katze angenehm machen, muß nun erläutert werden, wie wir unser Leben behaglich gestalten, *trotz* der Katze. In einer Katzen-Zeitschrift habe ich unlängst geschrieben, daß unsere Katze von *ihrem* Gesichtspunkt aus ohne Zweifel besonders an Lektionen interessiert wäre wie beispielsweise: »Wie kann ich die Tür des Kühlschranks durch einen leichten Druck mit der Pfote öffnen?« Oder: »Die beste Art, Menschen davon abzuhalten, eine müde Katze, die es sich auf dem bequemsten Stuhl des Zimmers gemütlich gemacht hat, zu stören.« Oder: »Wo versteckt man am besten für immer die Krallenschere?« Aber an solchen Lektionen haben *wir* kein Interesse. Für uns kommt es auf ganz andere Dinge an.

Ein junges Kätzchen oder eine neu ins Haus gekommene ältere Katze zur Stubenreinheit zu erziehen, ist leicht. In der Hauptsache braucht man meistens nur dafür Sorge zu tragen, daß ihr das »Klosett« gefällt. Bei jungen Katzen muß man anfänglich aufpassen, daß sie, wenn Holland in Not ist, rasch zum richtigen Ort geleitet werden. Wenn das Klosett immer an der gleichen Stelle steht, finden sie aber bald selber hin. Manche Katzen sind sehr heikel und wählerisch; eine zieht Sand, die andere Papier, wieder eine andere Erde vor; der Mehrzahl ist zum Glück die oben erwähnte geruchtötende Katzenstreu genehm. Es liegt am Katzenhalter, herauszufinden, wie er seinen Liebling absolut sauber bekommt.

Wichtig ist auch, von Anfang an pünktlich zu bestimmten Zeiten zu füttern. Die Katze hat die Neigung, den ganzen Tag lang hier mal ein Häppchen zu versuchen, dann dort drei Bissen hintereinander zu schlecken. Das ist ihr weder zuträglich, noch ist es tragbar, in einem ordentlichen Haushalt den ganzen Tag Futterreste herumstehen zu lassen. Über das so überaus wichtige Thema der Ernährung als solche werden wir später noch sprechen; an dieser Stelle soll nur darauf hingewiesen werden, daß man die Vorliebe der Katze für diesen oder jenen Leckerbissen ausnutzen kann, um ihr beizubringen, was zu ihrer eigenen Sicherheit nötig ist und was sie zu unserer Unterhaltung an kleinen Kunststücken erlernen soll. Belehrt man sie mit Häppchen dieser oder jener Delikatesse, so gibt man ihr einen Antrieb, unsern Willen auszuführen. Außerdem lernt die Katze die Gründe solcher kleiner Magenstärkungen recht schätzen.

Jede Art, eine Katze zu strafen, wenn sie sich schlecht beträgt, ist nutzlos – das sollte die erste Lektion für jeden sein, der sich mit Katzenpsychologie befassen will. Strafe erschreckt und verwirrt eine Katze lediglich. Der Erzieher oder Lehrer – auf alle Fälle jemand, dem die Katze absolut vertraut – muß vielmehr mit steter Wachsamkeit und Konsequenz jeder Neigung zum Unfugmachen zuvorkommen und die Katze mit einem Spielzeug ablenken oder ihr die Unart sanft, aber energisch untersagen.

Alle Gegenstände, die die Katze verschlucken könnte – besonders natürlich wertvolle – müssen ihrer Reichweite entzogen werden.

Man muß sich auch die Mühe nehmen, dem jungen Kätzchen zu *zeigen*, wie es in sanfter Weise spielen kann, dann wird es später gar nicht zu allzu wilden, rauhen Spielen neigen, sondern zu einer ruhigen, guterzogenen Katze heranwachsen.

Meistens sind Katzen, die sich scheinbar unzähmbar wild und angriffslustig benehmen, in frühester Jugend mißhandelt worden. Manche klammern sich mit Zähnen und Krallen an den Händen oder Beinen ihrer Betreuer an. Wenn Sie an einen solchen Wildfang geraten sind, gehen Sie einfach aus dem Zimmer und lassen ihn jedesmal, wenn er sich bei Ihrer freundlichen Annäherung derartig benimmt, für eine Weile allein, dann wird er bald merken, daß ihm niemand übel will, und allmählich zutraulich werden. Wenn Sie Geduld und vor allem Liebe genug aufbringen, wird er seine Furcht überwinden und schließlich eine so nette Katze sein, wie Sie es sich nie hätten träumen lassen.

Die meisten schlechten Angewohnheiten kleiner Kätzchen und junger Katzen sind das Resultat zweier Fehler in ihrer Behandlung: des Mangels an freundlicher Zuneigung, worunter ich regelmäßiges Spielen und liebevolles Belehren verstehe, und des Man-

gels an unmerklicher Erziehung durch regelmäßiges Füttern und an Spielgelegenheiten, bei denen das Tierchen seine überschüssigen Kräfte austoben kann. Leider muß gesagt werden, daß es bei Katzen, deren Halter sich über ihre Schwierigkeit beklagen, fast immer um solche handelt, denen zu wenig Zeit und kameradschaftliche Aufmerksamkeit gewidmet wird.

»Verhüten Sie, daß Ihre Katze eine Unart begeht, die Sie kommen sehen«, sagt die Katzenexpertin Doris Dryden. »Wenn Sie sie schelten, nachdem das Malheur geschehen ist, machen Sie die Katze nur nervös und unsicher.« Sie führt weiter aus, daß eine Katze in erster Linie immer die Liebe ihres Halters spüren muß. Sie muß in einer Art gelenkt und korrigiert werden, daß sie sich nicht in ihrer Würde und Selbstsicherheit verletzt fühlt. Schelten und Unwillen zeigen zerstört das Vertrauen der Katze zu ihrem Besitzer.

Diesem weisen Rat schließt sich meine Liste von zehn Geboten mit dem Motto: »Das darfst du nicht!« an. Ich habe sie speziell für Neulinge in der Katzenerziehung zusammengestellt:

1. Vermeiden Sie plötzliche und hastige Bewegungen in Richtung der Katze. Sie könnte vor Furcht davonspringen oder aber einen Angriff auf Sie machen. In jedem Fall verlieren Sie dadurch das Vertrauen der Katze, vielleicht für immer.
2. Tragen Sie niemals eine Katze mit frei baumelnden Beinen umher. Wenn sie plötzlich durch irgend etwas erschreckt wird, etwa durch das Zuschlagen einer Tür oder dergleichen, wird sie instinktiv ihre Krallen in Ihren Körper schlagen und Sie als Sprungbrett benutzen. Tragen Sie die Katze statt dessen auf beiden Armen, mit der einen Hand das vordere, mit der anderen das hintere Pfotenpaar festhaltend.
3. Reden Sie eine Katze nie mit lauter Stimme an und machen Sie auch kein lautes Geräusch in ihrer Gegenwart. Sie erschrickt sonst panisch und könnte eventuell aus Selbstverteidigung angreifen.

4. Heben Sie keine Katze, ob jung, ob alt, am Nackenfell in die Höhe, denn das tut ihr weh.
5. Spielen Sie bei Ihrer Katze nicht Arzt und wenden Sie keine für den Menschen bestimmten Medikamente an. Sehr leicht könnten Stoffe darin enthalten sein, die für die Katze giftig sind.
6. Stören Sie Ihre Katze nicht, wenn sie fest schläft. Und tragen Sie die Katze nie, wenn Sie sie aus dem Schlaf geschreckt haben, von einem Platz auf den andern. Viele alte Katzen nehmen das sehr übel und beißen zu. Wenn Sie die Katze von der Stelle entfernen müssen, auf der sie sich niedergelassen hat, reden Sie ihr zu und versuchen Sie, sie mit einem Bestechungshappen wegzulocken.
7. Versuchen Sie nicht, unmittelbar nach den Mahlzeiten Ihrer Katze etwas beizubringen. Sie ist dann schläfrig und wird sich ablehnend verhalten.
8. Wenden Sie niemals jene Methoden bei der Katze an, mit denen man Hunde abrichtet. Die Katze ist zu unabhängig und selbstbewußt; sie läßt sich nicht kommandieren.
9. Übertreiben Sie die Abrichtung auf gar keinen Fall; sonst wird die Katze die ganze Angelegenheit mit Widerwillen betrachten und mit allen Kräften versuchen, sich ihr zu entziehen.
10. Nehmen Sie immer Rücksicht auf die körperlichen und geistigen Begrenzungen der Katze. Belohnen Sie sie stets, wenn sie etwas zuwege gebracht hat, mit einem wohlverdienten guten Bissen.

Ein mir befreundeter Katzenkenner hat diesen Ratschlägen noch einen guten Rat beigefügt: »Vergessen Sie nicht, daß Sie von einer Ihnen noch fremden Katze nicht wissen können, wie groß ihre Fähigkeit ist, zu erfassen, was Sie von ihr wollen. Sie muß erst verstehen lernen, was Sie mit Ihren Worten und mit Ihren Handlungen meinen, denn die Umgebung ist ihr neu, und sie hat vielleicht vorher noch keine Erfahrungen sammeln können. Manche Katzen lernen ein kleines Kunststück schneller als andere; manche weigern sich überhaupt, etwas zu lernen, vielleicht, weil sie in ähnlichen Situationen schlechte Erfahrungen gemacht haben, von denen Sie nichts wissen.«

Nichtsdestoweniger gibt es ausgezeichnete Film-, Fernseh- und Bühnenkatzen. Die Voraussetzung dazu sind immer Menschen, die ihre Talente entdeckt und mit Geduld und Geschick ausgebildet haben. Ein bei uns sehr berühmter Katzen-Filmstar wurde von Frank Inn abgerichtet. Die Katze hört auf den unpoetischen Namen »Rhabarber« und ist in mehr als 250 Filmen und Fernsehsendungen aufgetreten. Ein anderer Katzen-Star war »Die Göttliche Sarah«, eine Siamesin, die der Autorin und Katzenliebhaberin Mack gehörte und sozusagen Theatergeschichte machte. Sie trat am Broadway mit Rex Harrison und Lilli Palmer in einem Singspiel auf und wurde als geborene Schauspielerin fast so gefeiert wie die richtige Sarah Bernhardt.

Doch diese berühmten Katzen sind Ausnahmen; der durchschnittliche Katzenhalter freut sich sehr, wenn seine Katze ein paar kleine Kunststücke vorführen kann. Folgende Dinge lernen Katzen gern und meist ohne besondere Schwierigkeiten: Etwas holen, die Pfote geben, winken, herankommen, dableiben, springen, schwatzen, bitten und Purzelbaumschlagen. Morris L. Groder hat in seinem kleinen Lehrbuch »Tricks and Training for cats« (»Kunststücke und Abrichtung von Katzen«) anschaulich beschrieben, wie alle diese Dinge und noch viele andere, von denen man bis dahin glaubte, sie wären nur Hunden vorbehalten, auch Katzen beigebracht werden können.

Von den aufgezählten »Lektionen« ist die allerwichtigste keineswegs als »Kunststück« zu bezeichnen, sondern vielmehr von unschätzbarem Wert für die Sicherheit Ihrer Katze: ihr nämlich beizubringen, unter allen Umständen *in* der Wohnung, beziehungsweise *im* Haus zu bleiben. Damit sollten Sie schon in allerfrühester Jugend beginnen, denn Sie befreien sich auf diese Weise von der größten Sorge um das Leben Ihres Lieblings. Eine offene Tür, ein Fenster ohne Gitter bedeuten für die Katze eine Einladung, eine Entdeckungsreise zu unternehmen. Auf diese Weise sind schon unzählige heißgeliebte Katzen verlorengegangen, entweder weil sie zu Streunern geworden oder weil sie von dunklen Elementen gestohlen und der Vivisektion ausgeliefert worden sind. Da Ihre harmlose Katze von diesen Gefahren, die »draußen in der verlockenden weiten Welt« auf sie lauern, keine Ahnung hat, sollten Sie ihr sofort beibringen, daß offene Türen und Fenster in verbotenes Gebiet führen. Den Drang nach draußen können Sie ihr abgewöhnen, indem Sie ihre angeborene Abneigung gegen laute Geräusche ausnutzen. Man kann diese List auch anwenden, wenn man sie abhalten will, ein bestimmtes Zimmer zu betreten, in dem ihre Anwesenheit unerwünscht ist. Um mit dem Unterricht zu beginnen, stellen Sie sich außen vor einer Tür auf, die einen Spalt breit geöffnet ist. Ganz sicher dauert es nicht lange, und ihre Neugier treibt die Katze, sich der Tür zu nähern, um die sich ergebenden Möglichkeiten zu erforschen. Sobald sie die Nase durch den Spalt steckt, schlagen Sie mit einer zusammengefalteten Zeitung heftig gegen die Tür oder die Seitenwand. Wollen Sie die Katze von einem offenen Fenster oder einer offenen Tür, durch die sie in ein verbotenes Zimmer gelangen würde, abhalten, so klatschen Sie jedesmal, wenn sie sich heranpirscht, laut in die Hände und rufen wiederholt ihren Namen mit möglichst nicht schreiender, sondern tiefer, aber energischer Stimme. Selbstverständlich weiß die Katze nicht, was die Worte sagen, doch hört sie an Ihrem strengen Ton, was sie zu bedeuten haben.

Wenn sie dann beispielsweise lernen soll »Komm her!«, so fangen Sie am besten zur gewohnten Fütterstunde damit an, die Katze in ruhigem Ton beim Namen zu rufen. Sie können zur Verstärkung der Wirkung die Tür des Kühlschranks zuklappen. Jetzt wird sie kommen, da sie die Stunde ihrer Mahlzeiten kennt. Geben Sie ihr einen Bissen und wiederholen Sie danach die Übung gleich noch ein paarmal, immer wieder ihren Namen rufend und ihr einen Happen gebend, wenn sie kommt. Wenn Sie das täglich üben, jedesmal zur Fütterzeit und natürlich jedesmal mit dem guten Bissen zur Belohnung, wird Ihre Katze allmählich zuverlässig erscheinen, sobald sie ihren Namen rufen hört. Sorgfältig müssen Sie nun Schritt für Schritt auf diesem Anfang aufbauen. Manche Abrichter empfehlen, die Übungen jeweils nicht länger als fünf Minuten auszudehnen, dann eine halbe Stunde zu pausieren und danach von vorn zu beginnen. Natürlich ist die Lernfähigkeit bei Katzen ebenso verschieden wie bei anderen Lebewesen; manche lernen leichter, wenn man ein oder zwei Mal am Tag eine Viertelstunde auf eine Lektion verwendet; bei anderen genügt es, dieselbe Sache nur einmal fünf Minuten lang täglich zu üben. Es liegt an Ihnen, die Reaktionsfähigkeit Ihrer Katze zu erproben und dementsprechend zu verfahren. Sobald sie zeigt, daß sie die Lektion für diesmal satt hat oder müde ist (manche tun das mit einem wohlberechneten Gähnen!), müssen Sie aufhören, denn zwingen läßt sich die Katze nicht. Versuchen Sie es dann ein anderes Mal mit einer anderen Methode. In jedem Fall müssen Sie konsequent bleiben, Geduld üben, aber auf Ihrem Willen bestehen.

Verhindern Sie auch, daß andere Familienmitglieder die Katze verwirren. Wenn Sie beispielsweise Ihre Katze gelehrt haben, nicht auf den Tisch zu springen, und ein anderer kommt, der die Katze aneifert, es doch zu tun, so wird sie nicht mehr wissen, was sie denn eigentlich tun soll. Ebenso falsch ist es, wenn Sie ihr glücklich anerzogen haben, auf Ihren Ruf zu kommen und eine Belohnung zu empfangen, zuzulassen, daß ein anderer sie ruft, um sie auszuschelten. Geschieht das, so ist Ihre ganze Mühe vergeblich gewesen.

Ihre Übungen und Erziehungsmaßnahmen sollten auf den folgenden fünf Hauptregeln basieren:

1. Zeigen Sie der Katze ganz langsam, sanft und Stufe für Stufe, was sie machen soll. Wenn Sie beispielsweise sagen: »Gib Pfote!«, so nehmen Sie sanft und leicht ihre Pfote in Ihre

Hand und geben ihr mit einer ebenso vorsichtigen Bewegung mit der anderen Hand den Belohnungshappen.

2. Belohnen Sie sie stets *sofort,* wenn sie Ihnen erlaubt hat, ihr zu zeigen, was Sie von ihr verlangen, und belohnen Sie sie *jedesmal,* wenn sie gehorcht hat, gleichviel ob Sie haben nachhelfen müssen, ober ob sie es von allein getan hat. Erst wenn die Katze die Bedeutung der Aufforderung begriffen hat und sie bereits automatisch befolgt, braucht die Belohnung nicht mehr immer aus einem Häppchen zu bestehen, sondern hin und wieder lediglich aus einer Liebkosung.
3. Wiederholen Sie die Lektion jeden Tag, wenn möglich immer um dieselbe Zeit; wenn es aber scheint, daß die Katze keine Lust mehr hat, weiter zu üben, so hören Sie sogleich auf.
4. Warten Sie immer erst, bis die Katze eine Sache vollständig begriffen hat, dann erst nehmen Sie etwas Neues vor.
5. Behandeln Sie die Katze mit der gleichen Hochachtung, die Sie für sich selbst erwarten.

Zum Schluß möchte ich darauf hinweisen, daß eine Katze, die so methodisch und liebevoll geschult worden ist, vom Blickpunkt des Tierarztes aus einen großen Vorteil hat: Sie läßt sich nämlich ungleich leichter behandeln, wenn sie erkrankt. In unserer Klinik sehen wir nur zu häufig Katzen, die falsch angefaßt oder gar mißhandelt worden sind und uns infolgedessen mit hysterischer Furcht gegenüberstehen, so daß wir ihnen erst Beruhigungsmittel geben müssen, um sie untersuchen zu können. In extremen Fällen springen sie uns sogar an und geben uns ihre rasiermesserscharfen Krallen zu schmecken. Es ist dann unsere Aufgabe, wenigstens einigermaßen die Fehler wieder gutzumachen, die bei ihrer Erziehung unterlaufen sind. Wir versuchen sie dann zu lehren, daß eine menschliche Hand, die freundlich nach ihnen greift, angenehmer und bedeutsamer für sie sein kann, als eine, die ihnen Futter reicht, obwohl das der überzeugendste Weg ist, das Herz einer Katze zu gewinnen.

Was denn – kein Kaviar?

In unserer heutigen Welt, in der so gut wie jedermann mit gesunder Ernährung und dem Kaloriengehalt der Nahrung einigermaßen Bescheid weiß, ist ein gefüllter Magen durchaus kein Beweis mehr dafür, »richtig ernährt« zu sein. Unter der Bezeichnung »Nahrung« – ein Ausdruck, der alle Stoffe umfaßt, die der Körper zur Erhaltung der Gesundheit benötigt – sind neue Begriffe wie Rohkost, Vitamine, Mineralstoffe, Kohlehydrate und Proteine unserem täglichen Speisezettel hinzugefügt worden. Und für die Speisekarte der Katze gilt das auch.

Die falsch gefütterte Katze neigt nicht nur zu denselben Krankheiten wie der falsch ernährte Mensch, sondern sie kann auch von einigen besonderen Katzenleiden befallen werden. Sie benötigt Vitamine, Eisen und Kalzium sowie andere Stoffe, die auch in unserer Nahrung nicht fehlen dürfen, weil sich sonst Mangelkrankheiten einstellen. Wenn sie in Freiheit lebt, sucht sie sich instinktiv die für sie notwendigen Futtermittel, als Raubtier vor allem Fleisch. Als Mitglied unseres Haushalts hängt sie auf Gedeih und Verderb von uns und unserer Einsicht in ihre natürlichen Bedürfnisse ab. Leider muß ich als Tierarzt sagen, daß nur zu viele Katzenhalter es daran fehlen lassen, der richtigen Ernährung ihrer Katze die gleiche Sorgfalt zu widmen wie ihrer eigenen. Viele lassen sich dabei in die Irre führen durch allzu verkaufstüchtige Händler oder aber durch die bekanntlich sehr feinschmeckerische Zunge der Katze. Beispielsweise erlebte ich eine Närrin, die es für richtig hielt, ihre fette und faule Malteserkatze dreimal am Tag mit Kuchen und Kaviar zu füttern! Als sie mir vorgeführt wurde, wog sie weit mehr als ihr Normalgewicht und litt an einer Erkrankung des Zahnfleisches und an Zahnverfall infolge der viel zu weichen Nahrung. Außerdem stellte ich Herzverfettung bei ihr fest. Die Tatsache, daß eine Katze unbedingt mageres Fleisch braucht, um zum Kauen gezwungen zu werden und Zähne und Zahnfleisch zu betätigen, war ihrer Besitzerin nie zum Bewußtsein gekommen.

Im Rahmen dessen, was eine Katze *gern* ißt – und Katzen sind wohl die wählerischsten aller Tiere! – gibt es dennoch genug, was ihr bekömmlich und von Nutzen ist. Obwohl die Katze von sich aus meistens bei ihren Hauptmahlzeiten genau weiß, wieviel ihr zu verzehren gesund ist, vermag sie doch den zwischendurch gereichten guten Happen meistens nicht zu widerstehen und wird fett, wenn der Besitzer nicht beizeiten bremst und seine eigene Vernunft walten läßt.

Das Durchschnittsgewicht einer erwachsenen Katze soll drei bis vier Kilogramm betragen. Sie braucht etwa 120 bis 150 g Fleisch täglich, um kräftig und gesund zu bleiben. Zu meinem Schrecken kommen zuweilen Katzen in meine Sprechstunde, die bis neun Kilogramm wiegen! Die Besitzer haben sich leider nicht überlegt, daß das Leben ihres Lieblings durch eine derartige Überfütterung um Jahre verkürzt wird. Freilich ist ein dicker Bauch bei einer Katze nicht unbedingt ein Zeichen von Fettleibigkeit; bei einem jungen Kätzchen kann er auch auf Wurmbefall zurückzuführen sein.

Daß alle Katzen von Natur aus nach Milch verlangen, ist ein Irrtum. Auch aus Fisch machen sich viele nichts. Ein anderer Fehlschluß ist, daß eine Katze nur Mäuse fängt, wenn sie hungrig ist. Gute Mäusejäger sind aber vor allem jene kräftigen Katzen, die von ihren Besitzern gut gefüttert werden, denn die Katze tötet die Maus oder Ratte nicht, weil sie sie fressen will, sondern aus Jagdlust (es sei denn, sie wäre am Verhungern). Sie sollte ihre Beute auch gar nicht fressen, denn sie kann sich zu leicht vergiften, falls die Nager für sie ausgelegtes Gift aufgenommen haben, und kann durch Läuse oder Flöhe, von denen Mäuse und Ratten wimmeln, mit Typhusbazillen infiziert werden. Auch Leptospirose, eine Gallen-Leber-Erkrankung, kann von infizierten Mäusen übertragen werden. Typhus und Leptospirose sind obendrein von der Katze auf den Menschen übertragbar.

Es gibt eine Menge Katzen, die schlechte Mäusefänger sind, weil sie sich nicht dafür interessieren, ja, es gibt sogar welche, die sich vor Nagetieren fürchten. Ich kenne eine große, derbe, schwarzweiße Katze namens »Thomas«, die in Ohnmacht fiel vor Schreck, als sie zum ersten Mal einer Ratte begegnete. Hin und wieder hat man aber auch schon Katzen beobachtet, die sich gefangene Mäuse als Spielzeug halten.

Katzen, die auf Bauernhöfen, in Vorratslagern oder in Fabrikbetrieben usw. zum Mäusefangen gehalten werden – ihre Zahl geht in die Millionen –, benötigen reichlicheres und nahrhafteres Futter als solche, die nur zur Freude ihrer Besitzer in der Wohnung leben. Allein in jedem Fall sollte sich die Nahrungsmenge, die man der Katze zukommen läßt, in den Grenzen halten, die ihr dienlich sind, um sie kräftig, gesund und elastisch zu erhalten. Die tägliche Futterration für Ihre Katze, von Vernunft und Erfahrung überwacht, sollte in *einer* nahrhaften Mahlzeit bestehen und stets zur festgesetzten, am günstigsten in Ihren Tagesablauf passenden Stunde gegeben werden. Eine Vitaminzugabe und zur Belohnung *hie und da* ein Leckerbissen – das ist alles, was zusätzlich nötig ist.

Außerdem sollte stets ein Schüsselchen mit frischem Wasser bereitstehen, obwohl manche Katzen – auch mein »Mr. Bumm« – am liebsten vom tropfenden Wasserhahn trinken. Aus diesem Grunde muß man alle Hahnen, die die Katze erreichen kann, stets säubern, bevor man Wasser für den menschlichen Gebrauch entnimmt. Im übrigen muß man dafür sorgen, daß die Katze kein tagelang stehendes Wasser, etwa aus Blumenvasen, trinkt; dies hat nämlich häufig Vergiftungserscheinungen zur Folge.

Bevor wir eine Liste der Nahrungsmittel aufstellen, die man einer Katze verabreichen kann, wollen wir erst einmal feststellen, was ihr schadet. Diese Aufzählung ist zwar nur kurz; doch hoffe ich, damit einen um so nachhaltigeren Eindruck auf unerfahrene Katzenhalter zu erzielen, weil es sehr böse Folgen ha-

ben kann, wenn man aus Unwissenheit oder Gedankenlosigkeit dagegen verstößt.

1. *Hühnerhaut:* Ist nicht nahrhaft, außerdem unverdaulich und kann üble Magen-Darm-Beschwerden zur Folge haben.
2. *Knochen:* Selbst als »frei von Knochen« angezeigtes fertiges Katzenfutter in Dosen enthält oft Knochenmehl und muß sorgfältig daraufhin untersucht werden, ob nicht etwa Knochensplitter hineingeraten sind. Knochensplitter können die Magen- oder Darmwand durchstoßen, und solche Verletzungen führen häufig zum Tod, weil sie fast stets erst entdeckt werden, wenn es bereits zu spät ist.
3. *Wursthäute:* Unverdauliche Wursthäute – vor allem solche aus Kunststoffen wie Zellophan – wirken im Katzendarm wie verschluckte Bindfäden. Sie bleiben im Darm stecken, verschließen diesen und verursachen nicht selten den Tod.

Geben Sie Ihrer Katze nichts Hartes, und füttern Sie sie nicht zu heiß oder zu kalt. Auch nicht mehr einwandfreies frisches Fleisch ist ihr unzuträglich. *Gutes rohes Fleisch* hingegen ist ihr gut bekömmlich und macht sie nicht bösartig, wie ein Altweibergeschwätz behauptet. Ich persönlich bin der Meinung, daß ein größeres Stück rohes Fleisch, das die Katze selbst zerreißen und zerkleinern muß, vielen Katzen einen besonderen Genuß gewährt, weil es sie an die Dschungelzeit ihrer Vorfahren erinnert. Doch richten Sie sich in diesem Punkt nach dem Geschmack Ihrer Katze; probieren Sie sie aus, wie sie das Fleisch am liebsten nimmt. Es gibt nur zwei Ausnahmen: Muskelfleisch vom Schwein und Fisch *müssen* stets gekocht werden, weil sie vielleicht Parasiten enthalten, die man nur durch Kochen zuverlässig abtöten kann.

Alte Katzen, deren Zähne oder Gaumen nicht mehr ganz gesund sind, müssen besonders gutes, gegebenenfalls gehacktes Fleisch bekommen oder die für Menschenbasis bestimmte Nahrung in Dosen. Bei jungen Katzen ist natürlich darauf zu achten, daß ihre Nahrung so beschaffen ist, daß sie ihre Zähne durch Kauen kräftigen und gesund erhalten.

Dosenfutter für Katzen sollte den höchstmöglichen Eiweiß- oder Proteingehalt aufweisen, das heißt Fleisch oder Fisch enthalten, denn die Katze ist nun einmal von Natur ein Raubtier und benötigt es. Es gibt auch einige Sorten Hundefutter, die sehr gut für Katzen verwendbar sind. Jeder Katzenhalter sollte im Rahmen dessen, was für Katzen geeignet ist, ausprobieren, was eine Katze mag. Grundsätzlich zuträglich sind:

Innereien: Schweine- oder Rinderleber. Muß angekocht werden. Zu beachten: Zu viel gekochte Leber verursacht Verstopfung, zu viel rohe Leber dagegen Durchfall. Nieren. Ausgezeichnet für Katzen. Gekocht oder roh (gewässert!), nach persönlichem Geschmack. Herz. Ebenfalls gut brauchbar.

Muskelfleisch: Rind. Alle Teile zu empfehlen, obwohl billigere Stücke Fett haben. In Stücken oder als Hackfleisch zu geben, je nach dem Alter der Katze.

Pferd. Billig und empfehlenswert, bedarf eines Zusatzes von Fett.

Hammel: Ebensogut wie Rind.

Kalb: Von vielen Katzen als Delikatesse geschätzt. Als Abwechslung zum Anregen des Appetits zu geben.

Schwein: Gekocht kann es ebenfalls gelegentlich zugefüttert werden.

Babynährmittel: Für ganz junge Katzen und für Katzen, die krank gewesen sind, eine gute Futterbeihilfe.

Eier: Eines oder zwei je Woche, am besten roh, können mit dem Futter vermischt oder, wenn es die Katze gern mag, in Milch geschlagen werden.

Fisch: Jede Art. Jede Woche einmal, stets gekocht und sorgfältig von Gräten befreit. Dosenfisch muß besonders geprüft werden auf Gräten oder Splitter.

Krebse: Falls man Gelegenheit hat, Garnelen-, Krabben- oder Hummerfleisch zu verfüttern, sollte man es tun.

Geflügel: Huhn. In gekochtem Zustand, sorgfältig von Knochen und Haut befreit, ein Leckerbissen für Katzen.
Pute. Katzen lieben Putenfleisch, genau wie Menschen! Doch Vorsicht bitte mit Knochen, Splittern und Haut!
Ente, Fasan, Gans. Gekochte und von Knochen befreite Häppchen. Sollte eine Katze besonders auf Ente versessen sein, muß Vorsicht walten, da Entenfleisch zu fett ist.
Käse: Nur Weißkäse, gelegentlich einmal als Zugabe. Quark.
Außerdem von Nutzen: Ein Teelöffel Butter oder Öl, der Tagesration zugefügt, ist Vitamin-A-Spender und hilft Leber- und Blasenkrankheiten verhüten.
Wasser sollte, wie erwähnt, immer bereitstehen, während Milch nur Kätzchen gegeben werden sollte, für ältere Katzen aber durchaus nicht erforderlich ist und vielen sogar nicht bekommt. Gekochtes Gemüse kann in ganz kleinen Mengen dem Futter beigemengt werden, desgleichen Gras, hilft verdauen. Obstsäfte, Weizenschrot, Weizenkeimöl können als Beikost gereicht werden.
Die Vitamine A, D, E, in Tablettenform oder flüssig, sind wichtig für junge Katzen. Unbedingt notwendig ist Vitamin D. Das gleiche gilt für Kalk und Phosphor als Mineralstoffe.

Der Küchenzettel für Ihre Katze kann verhältnismäßig einfach sein, wenn Sie folgende Hinweise erfahrener Praktiker beachten:

1. Lassen Sie sich von Ihrem Metzger die für eine Woche benötigte Fleischmenge kleinschneiden und legen Sie sie in den Kühlschrank. Es ist nicht nötig, daß Sie dem Metzger verraten, daß das Fleisch für eine Katze bestimmt ist.
2. Angekochtes Fleisch, für mehrere Tage im voraus zubereitet, kann ohne weiteres im Kühlschrank aufbewahrt werden.
3. Kräftige Rindfleischbrühe kann der Katze täglich zusätzlich verabreicht werden, wenn sie Stärkung braucht.
4. Kleine Pappschüsseln, die nach dem Fressen weggeworfen

werden können, ersparen die Mühe des Abwaschens und sind hygienisch einwandfrei.

5. Wie schon gesagt, ist es sehr wichtig, daß Sie Ihre Katze jeden Tag zu einer bestimmten Zeit pünktlich füttern. Sie vermeiden damit, daß sie bettelt, schreit oder versucht, sich selber zu versorgen.
6. Viele Katzenhalter sind davon überzeugt, daß ihren Tieren drei kleinere Mahlzeiten am Tag besser bekommen, als die eine größere, die ich stets empfehle. Was für Ihre Katze richtig ist, müssen Sie ausprobieren.

Kleinen Kätzchen werden die eben aufgezählten Nahrungsmittel selbstverständlich in ihrem Alter entsprechenden kleinen Portionen verabreicht. Junge Katzen im Alter von 6 bis 9 Monaten brauchen eine reichliche Milchzugabe zum Futter, vorausgesetzt, daß sie Milch mögen. Ältere Katzen, die wenig Bewegung haben, bekommen ebenfalls weniger Futter, und zwar zur Hauptsache durch den Wolf gedrehtes Fleisch im Hinblick auf die leichtere Verdaulichkeit.

Zuletzt noch der Hinweis, daß manche Katzen auch gedeihen, wenn man sie auf eine Weise ernährt, die man nur als höchst merkwürdig, ja erstaunlich bezeichnen kann. Jedenfalls sind mir im Laufe der langen Jahre, in denen ich meine Erfahrungen gesammelt habe, zahlreiche Katzen begegnet, die zu großen, prächtigen Exemplaren herangewachsen waren, *trotz* der schnurrigen Ernährungsgrillen ihrer Besitzer oder ihres eigenen, verwunderlichen Geschmacks.

Beispielsweise ernährt sich ein betagter Geistlicher, der gelegentlich mit seiner Katze zu mir in die Sprechstunde kommt, ausschließlich von Brot und Milch, und – seine jetzt 20 Jahre alte Katze tut dasselbe.

Dann ist da eine Frau, die für ihren Liebling ein besonderes »Katzengulasch« erfunden hat, das aus kleingeschnittener Leber, Zwiebeln und hartgekochten Eiern besteht. Ihre Katze frißt nichts anderes. Sie beharrt so eigensinnig auf diesem Spezialgericht, daß sie eher verhungern würde, statt etwas anderes anzurühren. Als diese Katze einmal in meiner Klinik war, wurde ihr »Gulasch« versehentlich einer anderen Patientin vorgesetzt. Weder Huhn, noch Putenfleisch, noch Beefsteak, das wir ihr anboten, weil der Irrtum nicht bemerkt wurde, konnte die auf »ihr« Gericht versessene Katze in Versuchung führen. Ob aus Zorn, ob aus Mißtrauen: sie verweigerte alles während der vier Tage in der Klinik, bis sie nach Hause zu ihrer gewohnten Kost entlassen wurde.

Ein angeberischer junger Kater, welcher einem prominenten Innendekorateur gehört, der es sich leisten kann, ihn zu verwöhnen, lebt hauptsächlich von Hummerschwänzen. Ein vierter Katzenfeinschmecker gedeiht bestens bei einer Kost von frischen oder Dosen-Garnelen.

Das alles beweist im Grunde, daß Katzen auch von ganz abwegigen Nahrungsmitteln leben und dabei gedeihen können. Man mache also kein unnötiges Wesen um die Fütterung der Katze, sondern ernähre sie gehaltvoll und vernünftig.

Katzenpflege – wie und warum

Als unlängst eine international bekannte Hollywood-Schauspielerin, aus Übersee heimkehrend, mit ihrer Siamkatze auf dem Arm aus dem Düsenklipper stieg und für die Titelseite einer Illustrierten fotografiert wurde, seufzten alle auf Publicity erpichten Katzenliebhaber in Amerika in hellem Entzücken tief auf. Doch ich kenne meine Pappenheimer: Die berühmte Schauspielerin rangierte als Nebenperson; die Katze »stahl ihr die Schau«.

Während eine Katze *niemals* als sozusagen modisches Beiwerk benutzt werden sollte – und keine selbstbewußte Katze wird sich dafür hergeben –, steckt doch in jeder von ihnen ein ausgesprochener Hang zum Zurschaustellen. Sie steht gern im Licht der Scheinwerfer auf der Bühne, und wenn sie im übrigen gut gepflegt und richtig gehalten wird, bekommt es ihr auch gesundheitlich.

Abgesehen davon, daß es zu begrüßen ist, wenn in der Öffentlichkeit für die Katze geworben wird, erweckt Bewunderung in der sensiblen Katze zweifellos Gefühle, die ihr Selbstbewußtsein stärken. Ein Katzenpsychologe, den ich zuweilen um Rat frage, bestätigte mir das. Noch wichtiger vom Standpunkt des Katzenfreundes und Katzenarztes aus gesehen ist es, daß eine gut gepflegte Katze für einen verständnisvollen Besitzer zeugt. Daß die Katze, wenn sie täglich gekämmt und gepflegt wird, anhänglicher, liebenswerter und gesünder wird, weil sie freundliche, fürsorgliche Menschenhände zu schätzen weiß, steht außer Zweifel. Da sie selber ohnehin für Reinlichkeit schwärmt und, wie jeder weiß, sehr viel Zeit damit verbringt, sich zu putzen (was sie auch ihre Jungen lehrt), empfindet sie es als äußerst angenehm, gebürstet und gekämmt zu werden.

Die ihrem Reinlichkeitsbedürfnis nachhelfende Pflege von Menschenhand ist für eine Katze aber nicht nur im Hinblick auf Haut- und Fellgesundheit wichtig, sondern auch noch aus einem anderen Grunde. Wenn sie sich ausschließlich mit ihrer rauhen Zunge allein »kämmt«, befördert sie unvermeidlicherweise Haarbüschel, gemeinhin »Haarballen« genannt, in ihren Magen beziehungsweise Darm. Die Folge ist, daß sie diese Haarballen zu erbrechen versucht, gewöhnlich durch Fressen von Gras. Dies gelingt ihr aber nicht immer, und dann verursachen die Haarballen üble Beschwerden, weil sie den Darm verstopfen. Ist das eingetreten, bleibt nichts wie der Gang zum Tierarzt, der mit Hilfe von Öleinläufen und Klistieren die Störenfriede herausholen muß, Eingriffe, die keiner Katze Spaß machen.

Daneben ist das Kämmen der Katze für die mit ihr lebenden Menschen auch eine aus Gesundheitsgründen notwendige Maßnahme. Jede gewissenhafte Hausfrau wird dafür sorgen. Auf Stühlen, Sesseln, Sofas, Betten und Kissen haftende Katzenhaare sind eine unsichtbare Plage, besonders für gegen Katzenhaare allergische Personen, die davon asthmatische Beschwerden bekommen können. Von gleicher Wichtigkeit ist es, daß beim regelmäßigen Kämmen jeder von der Katze bei einem Ausgang etwa aufgelesene Floh sogleich entdeckt und mit einem geeigneten, für die Katze unschädlichen Puder bekämpft wird, bevor er sich vermehrt und seine Vertilgung zusätzliche Mühe und Kosten verursacht.

Denn Flöhe bedeuten, abgesehen von der Unappetitlichkeit, wenn sie sich erst im Haus festsetzen, eine gesundheitliche Gefährdung der Katze, da sie Bandwürmer übertragen können. Jeder Katzenhalter sollte also in dieser Beziehung besonders wachsam sein. Selbst wenn man an seiner Katze keine Flöhe entdeckt, sollte man vorbeugend von Zeit zu Zeit ein Flohvertilgungsmittel versprühen, was noch besser ist als Puder, da die Katze es nicht auflecken kann.

Zur Warnung möchte ich nochmals betonen, daß man bei Katzen niemals ein für Hunde bestimmtes Flohmittel verwenden darf und jedes Mittel vermeiden muß, das DDT, Phenol,

Chlor, Kreolin, Kreosol, Karbolsäure oder Naphtalin enthält, da alle diese Stoffe für Katzen giftig sind.

Zecken befallen im allgemeinen Katzen nicht; trotzdem muß man – vor allem in tropischen Gegenden – darauf achten und die Zecke gegebenenfalls, nach dem man den aus der Haut ragenden Teil des Tierchens mit Äther oder Öl betupft hat, mit einer Pinzette entfernen.

Daß ein eventueller Befall mit Läusen für die Katze eine große Qual bedeutet, brauche ich kaum zu sagen. Sie verliert den Appetit, verliert an Gewicht, bekommt Haut- und Haarschäden und wird nervös. Dieser Gefahr kann man ebenfalls durch Versprühen eines Flohmittels in gewissen Abständen vorbeugen. Naturgemäß sind Langhaarkatzen am meisten gefährdet. In ihrem Fell vermehren sich die Läuse unvorstellbar schnell, zumal sie sehr schwer zu entdecken sind. Auf jeden Fall müssen Katzen mit langem, weichem Haar schon deshalb täglich mit größter Sorgfalt gekämmt und gebürstet werden, weil sich sonst zu leicht Zotteln und Verfilzungen bilden, die nur geübte Hände wieder zu entwirren vermögen. Wenn der Prozeß zu weit vorgeschritten ist, muß man zuweilen sogar eine Narkose vornehmen, und das ist bei Katzen nicht ganz harmlos.

In dieser Beziehung haben es die Besitzer von Kurzhaarkatzen leichter, obwohl auch bei ihnen nicht dringend genug zu sorgfältiger täglicher Haarpflege geraten werden kann. Wie jeder weiß, sind Katzen sehr ungeniert in der Wahl ihrer Liegeplätze; es kommt ihnen nicht darauf an, sich auf dem Eßtisch niederzulassen, wo sehr leicht Haare in die Speisen gelangen können.

Somit handelt es sich durchaus nicht um Eitelkeit, sondern um eine absolute Notwendigkeit, wenn wir von der sorgfältigen Pflege unserer Katze so ausführlich sprechen. Eine gut gepflegte Katze ist stets eine schöne Katze; aber die Schönheit ist nicht der springende Punkt, viel wichtiger ist die Gesundheit. Um die Katze gesund zu erhalten, müssen wir sie täglich kämmen, von Zeit zu Zeit ihre Krallen beschneiden und ihre Augen und Ohren säubern. Gebadet wird die Katze dagegen nur in Notfällen, wenn es sich nicht umgehen läßt. Zum Besten Ihrer Katze und in ihrem eigenen Interesse würde ich Ihnen die Anschaffung folgender Toilettenartikel empfehlen:

Für Langhaarkatzen eine kräftige Borsten- oder Drahtbürste, einen engzahnigen Flohkamm aus Stahl, einen Stahlkamm mit nicht zu engen Zinken, einen speziellen Kamm zur Entwirrung von verfilzten Stellen, ggf. eine Krallenschere.

Für Kurzhaarkatzen ist die Liste etwas kürzer und etwas anders: Ein Paar kräftige Borstenbürsten zum gleichzeitigen Gebrauch, ein Flohkamm wie oben, ein Stück Seide oder weiches Leder zum »Blankwienern« des Fells, ggf. eine Krallenschere.

In Ergänzung dieser Ausstattung benötigt die im Haus gehaltene Katze noch einige Schönheits- und Gesundheitsmittel, welche die im Freien lebende Katze nicht braucht. Draußen helfen hartes Gras, Baumrinde und Zweige, an denen sie vorbeistreicht, bei der Fellpflege; in der Wohnung muß ihr der Mensch behilflich sein, das lose Haar zu entfernen.

Wenn Sie daher ein kleines Kätzchen kaufen oder eine erwachsene Katze adoptieren, sollten Sie außer den erwähnten Dingen noch Baby-Talkum-Puder anschaffen, um das Fell zu reinigen und es weich und flockig zu erhalten, eine milde Seife aus reinem Olivenöl oder anderen Pflanzenfetten, ein Fläschchen Olivenöl, ein mildes Antiseptikum, Borwasser, ein Fieberthermometer und einen Wischlappen.

Doch ehe ich nun im einzelnen auf den Gebrauch dieser Dinge und das seit alters angewendete Kämmen und Säubern eingehe, wie es die Mehrzahl aller Katzenhalter und gewerblichen Katzenpfleger ausführt, will ich zuerst auf eine moderne Methode der Katzenpflege hinweisen, die eine meiner Klientinnen unlängst »erfunden« hat. Sie befand sich zufällig im Besitz eines Miniatur-Staubsaugers und gewöhnte ihr junges Kätz-

chen ganz allmählich an das surrende Geräusch des Geräts. Jetzt kann sie ihre inzwischen ausgewachsene Katze zwei bis drei Mal in der Woche absaugen. In einem Zehntel der Zeit, die man für das Durchkämmen mit der Hand benötigt, entfernt der Staubsauger alle losen Haare, Schuppen und Parasiten, die jede Katze gelegentlich einmal aufliest. Am Schluß kämmt die Dame das Fell noch tüchtig durch und hat so stets eine in jeder Beziehung saubere Katze. Vielleicht können Sie Ihren Weihnachtsmann dazu bringen, daß er Ihnen so einen praktischen kleinen Staubsauger beschert; dann werden Sie und Ihre Katze mir sicher für diesen Hinweis dankbar sein.

Wenn Sie es obendrein noch fertig bekommen, Ihre Katze dazu zu erziehen, das WC zu benutzen, wodurch jeder Katzengeruch in der Wohnung vermieden wird, haben Sie das Große Los des Katzenhalters gezogen! Ein prominentes Mitglied des New Yorker Katzenklubs löste dieses Problem in Etappen, indem es zuerst das Sandkästchen seiner jungen Kätzchen in das bewußte Örtchen stellte, und nach einigen Tagen dann in das Toilettenbecken selbst. Anfangs legte er ein hölzernes Gestell auf den Rand, damit die Katzen ihr Kistchen ohne Mühe erreichen konnten. Später fiel das Gestell weg, und schließlich wurde auch das Sandkästchen entfernt. Seine drei Katzen benutzen nun gewohnheitsmäßig die Toilette. Ich habe andere Katzenhalter in meiner Praxis, die mir berichteten, daß sie ihre jungen Kätzchen ganz einfach daran gewöhnt hätten, indem sie sie wachsam beobachteten und immer im gegebenen Augenblick ins Toilettenbecken setzten. Jetzt funktioniere das Verfahren reibungslos zur Zufriedenheit aller Teile.

Es gibt sogar Fälle, in denen Katzen von selber auf diese Methode gekommen sind; das ist natürlich ein besonderer Glücksumstand. Wenn man aus irgendeinem Grund dieses arbeitsparende Verfahren nicht anwenden kann, ist es wichtig, das Sandkästchen mit einem der Katze zusagenden Sprühmittel einzusprühen. Man darf aber auch nicht erschrecken, wenn die

Katze gelegentlich das Waschbecken oder die Badewanne benutzt, vielleicht weil das Sandkästchen nicht gleich sauber gemacht worden war.

Dringend empfehlen alle Katzenkenner, das Sandkästchen für eine neue Katze sogleich an den richtigen, dem Besitzer wie der Katze genehmen Platz zu stellen. Auch sollten die für die Katzenpflege benötigten Dinge und Medikamente sorgsam von den von Menschen benutzten getrennt werden, damit keine Verwechslungen vorkommen können.

Langhaarkatzen brauchen – wie ich schon sagte – weit mehr Fellpflege als kurzhaarige, was ja jedem einleuchtet. Daher sei Leuten, die zu Bequemlichkeit neigen, eher zur Anschaffung einer Kurzhaarigen geraten, obwohl auch diese ständig gepflegt werden muß. Wenn eine Katze von klein auf an regelmäßiges Kämmen gewöhnt worden ist, kann man immer wieder beobachten, daß sie Freude daran hat. Man muß nur von Anfang an einen Ort auswählen, an dem sie sich gern aufhält, und ihr mit einem Bestechungshäppchen schmeicheln. Bürsten Sie die Katze mit langen, streichelnden Strichen, bis sie völliges Vertrauen gewinnt und sich behaglich niederläßt. Wenn Sie die richtige Art finden, mit ihr umzugehen, wird sie bald von selber zur gewohnten Stunde auf den »Frisiertisch« springen.

Selbstverständlich gibt es gewisse Variationen in der Katzenpflege. Eine meiner Patientinnen beispielsweise hält die Kämmprozedur erst dann für abgeschlossen, wenn sie, wie gewohnt, mit echtem Bay-Rum eingerieben wird. In ähnlicher Weise besteht die aus Frankreich stammende Katze einer Diplomatengattin darauf, nach dem wöchentlich einmal vorgenommenen Einpudern mit Talkum hinter jedes Ohr ein wenig französisches Parfüm angespritzt zu bekommen. Im übrigen gibt es viele, besonders weiße Katzen, die sich selbst makellos sauber halten und menschliche Hilfe nur benötigen, um dem Verschlucken von Haarballen vorzubeugen.

Nun zu den Einzelheiten der Katzenpflege. Ich empfehle folgende Methode:

1. *Augen:* Man wische sie sanft mit einem in Borwasser getauchten Baumwolläppchen aus, das jedoch nicht naß, sondern nur feucht sein soll.
2. *Ohren:* Man sehe sie in kurzen Abständen sorgfältig nach und reinige sie mit einem feuchten Baumwolläppchen und etwas milder Seife, in dem man mit der Fingerspitze in den Rillen entlang fährt. Man braucht nicht ängstlich zu sein, denn mit der Fingerspitze kann man nicht an die empfindlichen inneren Stellen im Ohr herankommen. Man muß nur vermeiden, daß das Läppchen naß ist und Wasser in die Ohren tropft. Ein bis zwei Mal wöchentlich kann man die Ohren vorbeugend mit antiseptischem Puder einstäuben. Zu beachten ist, daß Milben im Ohr eine weitverbreitete Belästigung sind; sie verletzen die Haut und den Gehörgang. Man erkennt an hartem, dunklem Ohrenschmalz und am Kratzen und Reiben, wenn eine Katze davon befallen ist; meistens wird auch mit zunehmender Heftigkeit der Kopf geschüttelt. In diesem Fall kann nur der Tierarzt helfen, einer Entzündung Herr zu werden.
3. *Fell:* Beim Kämmen einer Langhaarkatze muß man zuerst alle verfilzten oder verknoteten Stellen herauskämmen und dabei sehr vorsichtig sein, um die zarte Haut nicht zu verletzen. Besonders empfindlich sind Katzen an den Hinterschenkeln und unterm Bauch. Für die verfilzten Stellen benutze man den empfohlenen Spezialkamm. Zum Schluß nimmt man eine Drahtbürste, um das Fell aufzulockern, desgleichen den Schwanz, der dicht und duftig wirken muß, besonders wenn die Katze auf einer Ausstellung gezeigt werden soll. Kurzhaarkatzen bürstet man, nachdem man sie mit einem feinzinkigen Kamm behandelt hat, und reibt sie zum guten Ende mit einem Seidentuch oder einem Lederlappen blank. Es versteht sich von selbst, daß man zur Zeit

des Haarwechsels alle ausgehenden losen Haare besonders sorgfältig auskämmen muß, und zwar bei allen Katzenrassen. Talkum ist ein ausgezeichnetes Mittel sowohl zum Reinigen als auch zum Duftig- und Flockigmachen des Fells. Einige Spezialisten für Langhaarkatzen empfehlen, deren Fell im Frühjahr zu scheren. Bis zum Herbst ist das Haar dann wieder gewachsen, und Katze und Eigentümer haben es in den heißen Monaten angenehm und bequem.

4. *Krallen:* Sofern die Krallen nicht entfernt worden sind (siehe Seite 126), sollten sie bei nur im Haus gehaltenen Katzen mit einer Spezial-Krallenschere gekürzt werden, und zwar an allen vier Pfoten. Es ist sorgsam darauf zu achten, daß man nur das gebogene Weiße wegschneidet und nicht in das rosafarbene »Leben« gerät, was stets schmerzt.
5. *Baden:* Eine Katze sollte nie gebadet werden, es sei denn in absoluten Ausnahmefällen, die nur der Tierarzt bestimmen kann. Alle Knoten im Haar müssen ausgekämmt werden, ehe man das Fell naß macht.

Es empfiehlt sich, die Pflege der Katze immer um die gleiche Zeit vorzunehmen, tagsüber oder abends, je nachdem, wie es in Ihre Tageseinteilung paßt. Katzen lieben Regelmäßigkeit.

Wenn Sie sich mit anderen Katzenbesitzern unterhalten, werden Sie sicher noch andere Winke für die Pflege erhalten, vor allem im Hinblick darauf, wie andere mit problematischen Katzen fertig werden. Das ist einer der Gründe, die es ratsam und nützlich erscheinen lassen, einem Katzenklub beizutreten, denn dort lernt einer vom andern; auch werden in den Klubs oft von Tierärzten belehrende Vorträge gehalten. Im übrigen muß jeder Katzenhalter in allen Dingen, die seine Katze betreffen, seinen gesunden Menschenverstand benutzen. Wenn Sie sich dabei nach den hier gegebenen Ratschlägen richten, werden Sie jedenfalls die hauptsächlichsten Fehler und die damit verbundenen unliebsamen Folgen vermeiden, die andere zu ihrem Leidwesen tragen müssen. Hier noch einige Grundregeln:

Gebrauchen Sie *niemals* die Schere, um eine verfilzte oder verhedderte Stelle im Katzenfell zu entwirren! Die Katze könnte eine plötzliche Bewegung machen, und es ist dann meistens sehr schwer, die verletzte Stelle in dem dichten Haar zu entdecken. Ist das Fell einer Langhaarkatze in hohem Ausmaß verfilzt, so müssen Sie das Tier einem Berufspfleger anvertrauen oder dem Tierarzt, der den Schaden in der Narkose behebt. Die Schwierigkeit läßt sich aber leicht vermeiden, wenn man seine Katze *täglich* kämmt.

Wenden Sie bei Ihrer Katze *niemals* Chemikalien enthaltende Reinigungsmittel oder andere Mittel an, die die empfindliche Haut der Katze reizen und Infektionen hervorrufen können. Hat sich die Katze Farbe oder dergleichen ins Fell geschmiert, so ist zuweilen Äther wirksam, aber am besten ist es in solchen Fällen, die Katze vom Fachmann scheren zu lassen.

Kommen Sie niemals auf den Gedanken, bei verfilztem Fell Wasser anzuwenden! Die Sache wird dadurch nur schlimmer. Die Verfilzung kann dann *nur* noch vom Fachmann behoben werden.

Und vor allem – das kann nicht oft genug wiederholt werden! – gewöhnen Sie Ihr junges Kätzchen von klein auf an die Berührung der menschlichen Hand! Es muß lernen, ihr restlos zu vertrauen und sie als einen zu seinem Leben gehörenden Begriff anzusehen. Die Hand, die ihm Futter reicht, die es kämmt und streichelt, wird es dann auch willig gewähren lassen, wenn sie ihm eines Tages Medizin eingeben oder bei Verletzungen Erste Hilfe leisten will. Schon allein aus diesem Grund ist das tägliche Kämmen des Kätzchens äußerst wichtig, denn es kann ein Tag kommen, an dem sein Leben davon abhängt, ob es sich ohne Angst und Abwehr behandeln läßt.

Es heißt weise vorbeugen, wenn man dem Kätzchen und der Katze gelegentlich während der täglichen Pflegeviertelstunde eine Vitamintablette oder einen Teelöffel Zuckerwasser eingibt. Ist das Tierchen später einmal krank, wird es ohne Sträuben Pillen oder andere Medikamente schlucken. In manch einer kritischen Situation, in die unweigerlich jede Katze in ihrem Leben ab und zu gerät, wird sich das absolute Vertrauen zu Ihrer Hand als Vorteil auswirken und Ihnen viel Geld für den Tierarzt ersparen, weil Sie dann nämlich imstande sind, Ihrer Katze *selber* zu helfen, sofern es die Umstände erfordern.

Was man in Notfällen tun und lassen muß

Die riesige Zahl schöner Katzen, die jedes Jahr an nicht rechtzeitig erkannten Krankheiten, Verletzungen oder Unfallfolgen eingehen, läßt sich nicht schätzen. Ebensowenig die Zahl der Katzenhalter, die aus Unwissenheit übersehen, wenn ihre Katze krank ist, und so die Zeit verstreichen lassen, in der ihr noch wirksame Hilfe zuteil werden könnte. Nach meiner Erfahrung passiert dergleichen sehr, sehr häufig.

Freilich sind auf der andern Seite viele Katzenbesitzer nur zu oft geneigt, falschen Alarm zu schlagen und den (nicht umsonst kommenden) Tierarzt zu konsultieren, wenn ihr Liebling den Schluckauf hat oder ein wenig schief guckt ... Viel größer ist jedoch die Zahl der Leute, die glauben, daß »die Natur sich selber hilft«, und selbst eine schwerkranke Katze ihrem Schicksal überlassen.

Katzenhalter mit Herz lassen ihrer kranken oder verletzten Katze mit der gleichen Selbstverständlichkeit ärztliche Hilfe zuteil werden wie einem kranken Menschen. Ich kann natürlich in diesem Buche keinen vollständigen tierärztlichen Lehrgang geben, möchte aber doch den gewissenhaften Katzenbesitzern einige Ratschläge erteilen, wie sie sich in den am häufigsten bei Katzen vorkommenden Fällen verhalten sollen, mit besonderen Hinweisen darauf, wann es geraten ist, den Tierarzt zuzuziehen.

Ich betone jedoch ausdrücklich, daß die Anweisungen für »Erste Hilfe«, die ich im folgenden gebe, weder vollständig noch endgültig sind. Es handelt sich einesteils um Maßnahmen, welche die Schmerzen der Katze mindern können, während der Arzt auf dem Weg zu ihr ist oder sie auf dem Weg zu ihm, andernteils um Anleitungen für den geängstigten Besitzer, wie er die Katze zu behandeln hat, bis der Fachmann seine Diagnose stellen kann.

Was die Krankheitssymptome anbelangt, so kann beispiels-

weise Erbrechen viele Ursachen haben. Die Katze kann einen Fremdkörper verschluckt haben oder ohne Wissen ihres Besitzers an Gift geraten sein. Es kann ferner das erste Zeichen einer schweren inneren Erkrankung sein, ebensogut aber auch die harmlose Folge einer Überfütterung. In jedem Fall vermag nur der Tierarzt die Ursache des Übels festzustellen und zu bekämpfen. Sache des Katzenhalters ist, das Symptom, in diesem Fall also das Erbrechen, einzudämmen, beziehungsweise zu erleichtern. Man versuche niemals, selber Arzt zu spielen!

Um ein guter Krankenpfleger für Ihre Katze zu sein, besonders bei den alltäglichen, immer wieder einmal vorkommenden Unstimmigkeiten, die keiner Katze erspart bleiben, ist es ausschlaggebend, ob Sie die im vorigen Kapitel erläuterten Ratschläge befolgt und Ihre Katze an Ihre Hand gewöhnt haben. Ich rate auch stets, eine kleine Hausapotheke für die Katze anzulegen. In diese gehören: ein Fieberthermometer, das in den After eingeführt werden kann (Rectal-Typ, unzerbrechlich), Watte und Verbandsgaze, eine Schachtel Leukoplast, einige Mullbinden, einige Baumwollappen, Wund-Desinfektionsmittel, sowie an Medikamenten (vom Tierarzt verschrieben!): Beruhigungstabletten, Augenwasser, Augensalbe, Wundsalbe, Brandsalbe, ein Stopfmittel gegen Durchfall, Tabletten gegen Verstopfung (z. B. Magnesiamilch), Bonin gegen Erbrechen und weiße Vaseline.

Vor allem: bewahren Sie die Ruhe! Ihre Nervosität macht auch die Kranke oder verletzte Katze nervös, und sie wird beißen oder kratzen, selbst wenn sie sonst sanfter Natur ist. Hat man es mit einer übernervösen, verschreckten Katze zu tun, so ist es besonders wichtig, mit Ruhe, Vorsicht und Vernunft zu verfahren. Es hilft sehr, wenn man in besänftigendem, liebevollem Ton auf das Tier einredet, vor allem wenn es gewöhnt ist, mit seinem Namen angesprochen zu werden. Deshalb nochmals die Mahnung, die Katze in gesunden Tagen *vorbeugend* mit den Maßnahmen, die ihr im Krankheitsfall Hilfe bringen, vertraut zu machen. Haben Sie Ihre Katze von Anfang an vermittels Vitamintabletten und Zuckerwasser oder dergleichen daran gewöhnt, »etwas einzunehmen«, wird sie sich im Ernstfall nicht verängstigt dagegen sträuben, sondern eine musterhafte Patientin abgeben, was ja auch dem Tierarzt seine Aufgabe wesentlich erleichtert.

Trotzdem darf man natürlich von einer schwer erkrankten Katze in dieser Beziehung nicht allzu viel erwarten, denn sie spürt nur zu gut sowohl das Ungewöhnliche als auch die Gefahr ihres Zustandes. Wenn Sie jedoch vorbereitet sind und sich mit der Pflege vertraut gemacht haben, werden Sie sie hinhalten und beruhigen können, bis der Doktor kommt und alles Notwendige anordnet. Verzögert sich aus unvorherzusehenden Umständen sein Erscheinen, können die folgenden Maßnahmen gegebenenfalls das Leben Ihrer Katze retten oder Ihnen doch mindestens selbst die Qual, Ihr Tier leiden zu sehen und völlig hilflos danebenzustehen, ersparen.

Wenn sich eine Katze verletzt hat, ist das erste Erfordernis, sie in ruhiger Lage zu halten, das heißt zu verhindern, daß sie sich bewegt. Je nachdem, welcher Körperteil betroffen ist, muß man folgendermaßen vorgehen:

1. Wenn Kopf, Augen, Gesicht, Ohren oder Hals verletzt sind, den Körper der Katze in ein großes Badetuch wickeln und nur Kopf und Hals draußen lassen, oder den Körper in einen kleinen Wäschebeutel stecken, nur den Kopf herausgucken lassen und die Zugschnur um den Hals befestigen.
2. Wenn der Körper betroffen ist, sind die Vorder- und die Hinterbeine paarweise zusammenzubinden, am besten, indem man Leukoplast vom Fußgelenk bis zum Ellbogengelenk herumwickelt. Leukoplast ist besser als etwa eine Mullbinde, weil es selbst kräftige alte Katzen weniger leicht abstreifen können. Man kann es später vorsichtig durch Betupfen mit Äther ablösen.

3. Zum Fiebermessen wickelt man die Katze in ein großes Handtuch und läßt nur Kopf und Schwanzpartie herausschauen.

Messung der Körpertemperatur In der Anwendung des Fieberthermometers bei der Katze sollte sich jeder Katzenhalter *vorher* üben, ehe der Ernstfall eintritt und alles erschwert ist. Da der Tierarzt unbedingt wissen muß, ob die Patientin Fieber hat oder nicht, weil er sonst keine Diagnose stellen kann, sollte jeder Katzenhalter imstande sein, schnell und sicher mit dem Thermometer (das unzerbrechlich sein muß!) umzugehen. Bei Symptomen wie Verstopfung, Durchfall, Niesen, Husten, Erbrechen und anderen Alarmzeichen ist Gefahr im Verzug, wenn gleichzeitig Fieber vorhanden ist, während das Symptom andernfalls harmlos sein kann.

Zum Messen der Temperatur im After der Katze ist folgendes nötig:

1. Schmieren Sie das einzuführende Thermometerende mit Vaseline ein.
2. Überzeugen Sie sich, ob das Quecksilber heruntergeschüttelt ist.
3. Die Katze wird im Stehen oder Liegen festgehalten, der Schwanz hochgehoben und das Thermometer etwa drei Zentimeter tief in den Darm eingeführt.
4. Nach etwa drei Minuten zieht man das Thermometer wieder heraus und liest die Temperatur ab. Danach schüttelt man das Quecksilber wieder herunter und reinigt das Thermometer mit einem in Alkohol getauchten Baumwolläppchen, nicht etwa durch Abspülen mit heißem Wasser!

Die Normaltemperatur der Katze beträgt 38 bis 39° C. Zeigt das Thermometer also eine Temperatur über 39° C, ist es Zeit, sich an den Tierarzt zu wenden.

Das Eingeben von Tabletten oder Kapseln Es ist empfehlenswert, sich dabei von einer zweiten Person helfen zu lassen und der Katze die Vorderbeine zusammenzubinden. Dann setzt man den Patienten auf einen Tisch, legt die linke Hand über die Nasenpartie mit dem Daumen an der rechten Backe vor dem Auge und den übrigen Fingern an der linken Backe, dabei das Auge bedeckend. Die Tablette nimmt man mit dem Daumen und dem Zeigefinger der rechten Hand, drückt sanft mit der Linken den Unterkiefer der Katze nach unten, schiebt die Tablette, so weit es geht, hinter der Zungenwurzel ins Maul und schließt dieses wieder. Viele empfehlen, alsdann die Gurgel leicht zu streicheln, um die Katze zum Hinunterschlucken zu veranlassen.

Falsch ist es, einer Katze Medizin mit dem Futter zu verabreichen. Erstens frißt sie nicht von sich aus, wenn sie krank ist, zweitens kann man die Dosierung nicht kontrollieren, drittens ist es niemals gut, wenn man einem Tier Mißtrauen gegen sein Futter anerzieht, viertens nimmt eine Katze ungewohnt riechendes oder unangenehm schmeckendes Futter ohnehin nicht, und dann ist das Medikament vergeudet.

Das Eingeben flüssiger Medizin Dies ist ein ungewöhnlich schwieriges Unterfangen. Das kleine Maul der Katze läßt sich schlecht öffnen; außerdem vermag die Katze überreichlich Speichel und Schaum zu produzieren, wenn sie den Geruch und Geschmack der Medizin wahrnimmt. Deshalb geht man am besten so vor: Man gießt das nötige Quantum der flüssigen Medizin in ein kleines Gefäß, möglichst in eines aus Plastik mit einer Tropfvorrichtung. Dann setzt man den Patienten auf einen Tisch, hält den Kopf sehr vorsichtig waagrecht, damit keine Flüssigkeit in Kehle oder Lunge gerät, und zieht die Lippen beziehungsweise Lefzen an der Stelle herunter, an der sich Ober- und Unterlippe treffen. Dadurch ergibt sich eine kleine Tasche, in die man die Tropfvorrichtung hält, um den Inhalt langsam in die Tasche rinnen zu lassen. Auf diese Weise fließt die Flüssigkeit zwischen den Zähnen ins Maul der Katze. Nötigenfalls wiederholt man den Vorgang, bis die verordnete Dosis erreicht ist.

Nimmt man in Ermangelung des Tropfers einen Teelöffel, so muß man beachten, daß die Katze höchstens ein Viertel bis zur Hälfte des Inhalts auf einmal schlucken kann. Gerade bei dieser Prozedur macht es sich bezahlt, wenn Sie Ihr Kätzchen von klein auf an das Schlucken von Zuckerwasser gewöhnt haben, weil es dann im Ernstfall nicht ängstlich sein wird, wenn man sanft und geduldig vorgeht.

Behandlung der Augen Hierbei ist es angebracht, die Katze bis zum Kopf in einen Beutel zu stecken oder sie von jemand festhalten zu lassen, während man die vom Arzt verordneten Tropfen oder Salben einträufelt beziehungsweise einreibt. Dazu setzt man die Katze auf einen Tisch und sorgt für gute Beleuchtung, damit man alle Einzelheiten des Vorgangs verfolgen kann. Muß man Augentropfen anbringen, so sollte man ein mit einem Schnabel versehenes Tropffläschchen aus Plastik verwenden, das man parallel zum Kopf hinter das Auge hält, so daß das Fläschchen sich mit dem Kopf dreht, falls die Katze eine plötzliche Bewegung macht. Mit der freien Hand zieht man das untere Augenlid nach unten vom Augapfel weg, so daß man die Tropfen genau an die richtige Stelle zwischen dem Lid und dem Auge einträufeln kann. Wenn Augensalbe verordnet worden ist, geht man sinngemäß ebenso vor.

Was bis jetzt gesagt wurde, sind die Grundzüge des Umgangs mit einer kranken oder verletzten Katze. Nunmehr will ich noch erklären, was der Katzenhalter bei bestimmten Unfällen, Verletzungen und Krankheiten tun kann, um Erste Hilfe zu leisten. Im Hinblick auf die nachfolgende Liste alltäglicher Notfälle ist es ratsam, dieses Buch aufzubewahren, daß Sie es jederzeit rasch bei der Hand haben, wenn es darauf ankommt. Noch besser ist es freilich, sich meine Ratschläge vorsorglich so fest einzuprägen, daß Sie sie jederzeit im Kopf haben und nicht erst nachschlagen müssen.

Verhalten bei den am häufigsten vorkommenden Unfällen

Schwere Verletzungen durch Fall, Stoß usw. a) Die Katze hinlegen und nachsehen, ob blutende Wunden vorhanden sind. Jede heftige Blutung durch einen Preßverband zum Stillstand zu bringen versuchen, das heißt mit Hilfe eines dicken Pfropfens aus Verbandsmull oder dergleichen, der mit einer Bandage in seiner Lage festgehalten wird. – b) Die Katze muß zugedeckt, ruhig und warm gehalten werden, denn sie kann innere Verletzungen erlitten haben und ist in einem Schockzustand. – c) Wenn die Katze vom Ort des Unfalls weggetragen werden muß, soll sie unbedingt in ein Tuch eingewickelt werden, um zu verhüten, daß sie vor Angst und Schmerzen kratzt und beißt. Man hält beim Tragen die rechte Hand unter Kopf und Hals, die linke unter den Hinterkörper, hält die Katze so aufrecht und bewegt sie so wenig wie möglich. – d) Bringen Sie die verletzte Katze sogleich zum Tierarzt, falls er nicht sofort zu ihr kommen kann.

Vergiftungen Eine ständige Bedrohung bedeuten die vielen Möglichkeiten, sich zu vergiften, denen die Katze leider ausgesetzt ist durch ausgelegtes Rattengift, DDT-Sprühmittel, vergiftete Küchenschaben, gewisse Pflanzen, verdorbene Nahrungsmittel (in Mülleimern), und nicht zuletzt durch von Katzenhassern ausgelegtes Gift. Falls man weiß, daß es sich um eine Vergiftung handelt oder es mit ziemlicher Gewißheit vermutet, sollte man ohne Verzug dagegen angehen, indem man die Katze zum Erbrechen zwingt. Zu diesem Zwecke gibt man ihr einen viertel bis einen halben Teelöffel starker Salz- oder Senflösung ein, und zwar so weit hinter der Zunge wie irgend möglich. Hat die Katze erbrochen, so gibt man ihr das Weiße eines Eies ein, entsprechend der für flüssige Medizinen erteilten Anweisung (siehe Seite 108). Inzwischen sorgt man so schnell, wie es sich irgend machen läßt, für die Hinzuziehung eines Tierarztes.

Fremdkörper im Maul oder in der Kehle Eine Katze, die immerfort mit der Pfote an ihrem Gesicht entlangstreicht und hustet, kann versehentlich einen Fremdkörper verschluckt haben, vielleicht einen Knochen- oder Holzsplitter, eine Nadel usw. Wenn sie diese Symptome zeigt, setzen Sie die Katze auf den Tisch und sehen sorgfältig im Maul und im Hals nach in der Art, wie es beim Einnehmen von Tabletten (Seite 107) beschrieben worden ist. Wenn der Gegenstand im Maul nicht sichtbar ist, ziehen Sie mit dem Taschentuch langsam die Zunge aus dem Maul, und sehen Sie in die Kehle. Können Sie den Gegenstand erreichen, so ziehen Sie ihn mit einer abgerundeten Pinzette heraus. Sitzt er zwischen den Zähnen, können Sie eine kleine Zange zum Herausziehen verwenden.

Verbrennungen und Verbrühungen Kleine Brandwunden betupft man mit Olivenöl oder mit einem Tee-Aufguß. Größere Brandwunden behandelt man mit einer vom Tierarzt verschriebenen Brandsalbe. Zur Beruhigung gibt man eine Beruhigungstablette aus der Katzen-Hausapotheke; außerdem hält man die Katze warm und ruhig, um einem Schock vorzubeugen. Sollten große Stellen betroffen sein, ist unbedingt der Tierarzt zu Rate zu ziehen.

Verstauchungen Das verstauchte Glied schwillt sichtlich an. Man legt einen Eisbeutel oder kleines Säckchen mit Eisstückchen auf. Hat die Katze große Schmerzen, so gibt man ihr eine Beruhigungstablette ein. Hält die Schwellung an, muß die Katze vom Tierarzt geröntgt werden, damit festgestellt wird, ob vielleicht ein Bruch oder eine Verrenkung vorliegt, die nur der Tierarzt behandeln kann.

Angelhaken Wird in einer Familie Angelsport betrieben, so sind Angelhaken eine ständige Gefahrenquelle für Katzen, sofern man nicht Fliegen und künstliche Köder, am besten aber die ganze Angelausrüstung, sorgfältig vor der Katze versteckt hält. Hat sich ein Angelhaken im Fleisch oder im Maul der Katze eingehakt, so kappt man den Widerhaken mit der Kneif-

zange ab und zieht das andere Ende heraus. Säubern Sie hernach die Wunde mit einem Antiseptikum und lassen Sie sie offen, damit sie heilen kann.

In Gefahr zu ertrinken kann die Katze in vielen Fällen noch gerettet werden, wenn man versucht, die Atmung wieder in Gang zu bringen. Dabei muß man folgendermaßen vorgehen: Man nimmt die Katze an den Hinterbeinen und läßt den Kopf nach unten hängen, damit das Wasser aus den Lungen herausfließen kann; wenn möglich sollte ein Helfer die Zunge der Katze an der Seite des Mauls festhalten. Danach legt man die Katze auf den Boden, hält sie zwischen den Knien fest, legt die Hände unter den Vorderbeinen auf die Brust und drückt diese mit sanften Bewegungen 25- bis 30mal in der Minute auf und nieder, bis die normale Atmung wieder einsetzt. Ist das geschehen, so hält man die Katze für mehrere Stunden warm und ruhig. Zu beachten: Nehmen Sie Bedacht auf den zarten Brustkorb der Katze; bei zu heftigen Bewegungen kann ein Blutsturz die Folge sein.

Übelsein auf Reisen Wenn eine Katze dazu neigt, bei Fahrten im Auto oder auf der Bahn »seekrank« zu werden (was für sehr viele Katzen gilt), sollte man Vorbeugungsmaßnahmen ergreifen. Einen Tag vor Antritt der Reise gebe man der Katze keine Milch oder sonstige abführende Nahrung. Vier Stunden vorher soll sie überhaupt nicht mehr gefüttert werden. Vom Tierarzt kann man sich ein Mittel gegen die Reisekrankheit verschreiben lassen, das man vor der Fahrt verabreicht. Dauert die Fahrt länger, muß man vielleicht nochmals eine Dosis geben, wenn man merkt, daß es die Katze braucht.

Hitzschlag Es kommt vor, daß Katzen einen Hitzschlag erleiden, beispielsweise, wenn sie während der warmen Jahreszeit in zu engen Behältern transportiert oder in Autos eingeschlossen werden. Auch das Einsperren in Räumen mit Heizkesseln kann dazu führen. Man wickelt sie dann in ein Tuch und hält sie warm, während man sie an einen kühleren Ort bringt. Ist die Katze noch so weit bei Bewußtsein, daß sie schlucken kann, gibt man ihr einen Teelöffel voll starken Tee oder Kaffee ein, um die Blutzirkulation anzuregen. Außerdem legt man ihr stündlich 15 Minuten lang einen Eisbeutel auf den Kopf.

Wunden und Schnittverletzungen Um Hautabschürfungen und kleinere Schnittverletzungen zu behandeln, muß man zunächst das Haar in der Umgebung der Wunde abrasieren. Dann reinigt man die Stelle mit milder Seife und etwas Wasser, trocknet sie und betupft sie jeden Morgen und Abend leicht mit Vaseline, Jod oder verdünntem Borwasser. Zu beachten: Wenn die Katze nicht nachläßt mit dem Belecken der Wunde, muß man ihr einen Verband umlegen, obwohl sie ihn meistens abzureißen versucht.

Größere Wunden müssen vom Tierarzt behandelt werden, da sie genäht werden müssen. Man reinige diesfalls die Wunde wie beschrieben, lege einen Gazeverband an und bringe die Katze auf dem schnellsten Weg zum Arzt. Handelt es sich um eine zwar kleine, aber tiefe Wunde, etwa von einem Katzenkampf oder Rattenbiß, so muß der Arzt ebenfalls eingreifen, um einer Abszeßbildung vorzubeugen.

Wie man der Katze bei Krankheitsanzeichen Erleichterung verschafft

Wie ich schon auf Seite 104 sagte, können gewisse Symptome oft auf den Beginn einer ernsteren Erkrankung deuten, vor allem wenn sie sich verschlimmern, statt abzuklingen. Es ist deshalb auf alle Fälle empfehlenswert, die angegebenen Hausmittel sorgsam anzuwenden, bis der sogleich zu verständigende Tierarzt erscheint. Ich zähle hier noch folgende Fälle auf:

Krämpfe oder krampfähnliche Anfälle Man bringe die Katze sofort in einen dunklen Raum oder bedecke sie, wenn sich das nicht machen läßt, mit einem Bettuch. Diese Maßnahme dient zur Beruhigung der Nerven und verhütet, daß die Katze sich selbst verletzt. Haben die Krämpfe aufgehört, sorgt man weiter für Ruhe und macht kalte Umschläge auf die Ohren. Als letzte Vorsichtsmaßregel verabreiche man eine Beruhigungstablette, falls die Katze noch immer erregt zu sein scheint.

Erbrechen und Übelkeit Wenn der Katze übel ist, kann das von einer Vergiftung, vom Verschlucken eines Fremdkörpers oder eines Haarballs, von Überfütterung, zu kaltem Fressen, Erschrecken vor oder unmittelbar nach dem Fressen usw. herrühren. Wenn man es nicht vorzieht, gleich ärztliche Hilfe herbeizurufen, lasse man zunächst einmal jedes Futter und Wasser für 24 Stunden weg und gebe alle vier Stunden eine Bonin-Tablette, die in der Apotheke ohne Rezept gekauft werden können. Hält das Erbrechen trotzdem unvermindert an, so muß man schnellstens den Tierarzt verständigen.

Verstopfung Man verabreiche je nach Größe der Katze eine ganze oder eine halbe Magnesiummilch-Tablette oder streiche einen gestrichenen Teelöffel voll weißer Vaseline auf die Zungenwurzel. Wird die normale Darmtätigkeit dadurch nicht angeregt, muß man es mit einem Klistier versuchen, bestehend aus einem Teelöffel Glyzerin, gemischt mit zwei Teelöffeln warmen Wassers. Beobachten Sie die Katze hernach genau, um festzustellen, ob es sich auch wirklich um Stuhlverstopfung handelt und nicht um den vergeblichen Versuch, Urin zu lassen. Glyzerin reizt den Mastdarm zu sofortiger Entleerung an. Geht die Katze trotzdem immer wieder zu ihrem Sandkästchen, um sich vergeblich zu bemühen, so liegt wahrscheinlich Urin-Verhaltung vor. Diese Erscheinung kommt häufig bei kastrierten Katern im Alter vor, ist sehr gefährlich und erfordert sofortigen tierärztlichen Beistand (siehe Seite 128).

Ohrenentzündung Wie schon gesagt, müssen die Ohren der Katze ständig gesäubert und nachgesehen werden, damit sich nicht Milben oder andere Parasiten ansiedeln. Sobald sich Ausfluß oder Reizung zeigen, reinigen Sie das betroffene Ohr mit milder Seife und etwas Wasser oder Borsäurelösung und trocknen es mit einem um die Fingerspitze gewickelten Läppchen sorgfältig ab. Wenn eine Stelle am äußeren Ohr entzündet scheint, reibe man sie zweimal täglich mit ein wenig Wundsalbe ein.

Analdrüsenbehandlung Die Analdrüsen der Katze, die sich zu beiden Seiten des Afters befinden, schwellen gelegentlich an und verursachen ihr dann großes Unbehagen. Wenn Sie geschickt genug sind, selbst dagegen anzugehen, halten Sie mit der einen Hand den Schwanz der Katze hoch und pressen mit der andern sanft, doch fest, bis das Sekret aus beiden Drüsen herausfließt. Das Verfahren ist ein wenig schmerzhaft, bewirkt aber sofortige Erleichterung.

Hautreizungen Man schneide das Haar rings um die betroffene Stelle mit einer abgerundeten Schere weg, damit man das Medikament direkt auftragen kann. Näßt die Stelle, so wäscht man sie mit milder Seife und wenig Wasser, trocknet sie sorgfältig ab, streicht dann ein wenig Borsalbe oder Wundsalbe darauf und reibt sie in die Haut, damit die Katze den Rückstand nicht ablecken kann. Nach dem Einreiben hält man die Katze noch eine Weile auf dem Schoß und lenkt sie vom Lecken ab.

Augenreizungen Ist die Verletzung durch einen Biß oder anderen Unfall entstanden, so gehe man unverzüglich zum Tierarzt. Nur bei harmlosen Ursachen kann man versuchen, das Übel selbst zu behandeln. Zu diesem Zweck wäscht man das kranke Auge mit einem in stark verdünntes Borwasser getauchten Läppchen aus, indem man das untere Lid nach unten zieht und die Lösung hineinträufelt oder Augensalbe aufstreicht. Diese Behandlung wiederholt man am gleichen Tag dreimal. Sollte sich keine Besserung zeigen, ziehe man den Tierarzt zu Rate.

Blutende Krallen Ist die Katze unglücklicherweise mit der Tür geklemmt oder getreten worden, stellt sich zuweilen eine

Blutung des Nagelbetts ein. Um sie zu stillen, presse man Verbandgaze fest gegen die verletzte Stelle und stäube Borpuder darauf. Auch eine mit »Monsells Lösung« getränkte Bandage um die wunden Stellen gewickelt, stillt das Blut. Man muß nur aufpassen, daß sich die Katze den Verband nicht gleich wieder herunterreißt.

Ohnmachtsanfälle Es gibt Katzen, die zu Ohnmachtsanfällen und Bewußtlosigkeit neigen. Treten solche Anfälle ein, so halte man die Katze mit dem Kopf nach unten ans geöffnete Fenster, damit sie frische Luft bekommt. Ist sie wieder zu sich gekommen, muß man dafür sorgen, daß sie sich ruhig verhält.

Verdauungsschwäche Als nervöse Geschöpfe sind die Katzen nicht selten von Verdauungsschwierigkeiten und Gastritis geplagt, ausgelöst durch einen Schreck, Überfütterung oder falsche Fütterung. Sind Anzeichen für einen verdorbenen Magen vorhanden – meistens durch Erbrechen –, gibt man drei- bis viermal täglich Bonin, kleinen Kätzchen eine halbe, erwachsenen Katzen eine ganze Tablette.

Sie werden bemerkt haben, daß ich in den obigen Ratschlägen für Erste Hilfe die schweren Krankheiten kaum erwähnt habe und ebensowenig die Katzenklinik, in der diese Fälle behandelt werden müssen. Auf diese Dinge komme ich im nächsten Kapitel zu sprechen, weil es mir wichtig erscheint, zur Beruhigung des Katzenhalters beizutragen. Er soll wissen, was geschieht und warum, wenn er sich entschließt, seine Katze einer Tierklinik anzuvertrauen. Wichtig erscheint es mir auch, daß der Katzenhalter erfährt, wie teuer es werden kann, wenn man eine erkrankte Katze vernachlässigt, denn Katzen sind psychisch wie physisch empfindliche Geschöpfe. Die nun folgenden ausführlichen Beschreibungen der Behandlung häufiger Katzenkrankheiten in der Klinik werden den Haltern einen Begriff davon geben, welche Mühe der Tierarzt hinter den geschlossenen Türen des Behandlungszimmers anwenden muß, um seine schwierigen Patienten wieder gesund zu machen.

Die Katze und die Tierheilkunde

Dem denkenden Menschen wird es beim Besuch einer modernen Tierklinik rasch zum Bewußtsein kommen, daß man sich dort heute ungeheure Mühe gibt, den kranken Tieren rasch und wirksam zu helfen, und daß die Behandlungsweise durch die Veterinärmedizin und das Pflegepersonal an Sorgfalt in keiner Beziehung hinter der kranker Menschen zurücksteht. Etwaige Unterschiede jedenfalls nur geringfügig und durch die Natur des Patienten selbst bedingt. Zur Beruhigung argwöhnischer Katzenbesitzer kann ich jedenfalls mit Nachdruck versichern, daß heutzutage sowohl die Diagnose als auch die chirurgische Behandlung in Tierkliniken der bei Menschen angewandten durchaus ähnelt, wie ja auch die Krankheitserscheinungen bei Menschen und Katzen starke Ähnlichkeit aufweisen. Katzen können von Krebs, Zucker, Anämie, Leukämie, Lungenentzündung, Virusinfektionen, Knochenkrankheiten, Herzschwäche und von beinah jeder anderen Krankheit befallen werden, die man früher ausschließlich für den Menschen heimsuchende Übel hielt. Die wenigen Ausnahmen sind Gicht, Trunksucht, Rauschgift- und Tablettensucht . . .

Zum Glück werden heute in allen zivilisierten Ländern immer mehr Tierkliniken gebaut, teils aus privaten Mitteln, teils dank wohltätiger Stiftungen. Häufig stehen diese Tierkliniken unter der Leitung veterinärmedizinischer Forscher von Ruf und Rang. Jedenfalls haben sie aber alle einen Stab von Fachleuten, die imstande sind, die kranke Katze dem neuesten Stand der wissenschaftlichen Forschung entsprechend zu behandeln und ihre Krankheit zu heilen, falls überhaupt die Möglichkeit dazu besteht. Von gleicher Wichtigkeit sind die Bestrebungen aller Tierärzte, die wachsende Zahl der Katzenhalter über die so unendlich wichtigen vorbeugenden Maßnahmen zur Verhütung von Krankheiten aufzuklären und gleichzeitig die erzieherischen

Maßnahmen, die die Katzen vor Unfällen, Ansteckung usw. bewahren können, allgemein bekannt zu machen.

In den Vereinigten Staaten gibt es heute über 20000 approbierte Tierärzte und 18 Universitäten, die veterinärmedizinische Fakultäten haben. Betrachtet man die westeuropäischen Länder als Gesamtheit, so dürfen die einschlägigen Zahlen eher noch größer sein. Und mit der zunehmenden Beliebtheit der Katze widmet die Tierheilkunde gerade ihrem Wohlergehen immer mehr Aufmerksamkeit, während sie früher als Patient selbst gegenüber dem Hund nur eine bescheidene Rolle spielte.

Wenn Sie heute mit Ihrer Katze zum Tierarzt gehen, vielleicht nur, um ihr Allgemeinbefinden kontrollieren zu lassen, oder aber zur speziellen Behandlung, weil sie erkrankt ist, heißt es nicht mehr wie früher: »Ach, bloß 'ne Katze«, sondern sie wird als geschätzter Patient genauso sorgfältig untersucht und behandelt, wie Ihr Hausarzt es mit Ihnen tut. Im Gegensatz zu dem früher in Stadt und Land üblichen altmodischen tierärztlichen Untersuchungszimmer, das unangenehm nach Karbol roch und oft sogar schmutzig war, sind unsere heutigen veterinärmedizinischen Ordinationszimmer und Kliniken hell und freundlich und mit den modernsten Instrumentarien ausgestattet. Die Arzthonorare sind tragbar, und obwohl ich durchaus nicht die Absicht habe, hier etwa für unsere tierärztlichen Einrichtungen zu werben – was auch gar nicht nötig ist –, möchte ich doch jedem Katzenhalter die Versicherung geben, daß sein Tierchen nirgends besser aufgehoben ist als in den Händen eines approbierten Fachmannes.

Wenn ich jetzt ausführlich auf die hauptsächlichsten Katzenkrankheiten und ihre Behandlungsmöglichkeiten eingehe, hoffe ich, dadurch viele überängstliche Katzenbesitzer von ihrer Furcht und ihren Vorurteilen vor Tierärzten und Tierkliniken zu befreien. Wenn es dann die Umstände erfordern, daß Sie Ihre Katze für längere Zeit einem Tierarzt oder einer solchen Klinik anvertrauen müssen, haben Sie einen Begriff davon, was dort mit dem Patienten geschieht und wieviel Wissen, Mühe, Geduld und Liebe aufgewendet werden, um die kranke Katze wieder zu einem gesunden, fröhlichen Geschöpf zu machen.

Vor allem dürfen Sie nicht mißtrauisch oder ängstlich sein, wenn der Tierarzt es ablehnt, Sie in die Klinikräume zu lassen. Der Besuch der »Angehörigen« bei den kranken Vierbeinern in der Klinik kann gerade die überempfindlichen Katzen so erregen, daß ein Rückfall die Folge ist. Sie sind ohnehin an einem fremden Ort, fern von ihrem geliebten Zuhause, unzufrieden und nervös; daher kann der seiner Verantwortung bewußte Arzt den Krankenbesuch, nach dem der Besitzer so großes Verlangen trägt, oft nicht gestatten. Telefonische Auskünfte wird er gern erteilen, und in Ausnahmefällen – beispielsweise bei alten Katzen, die sich dem Leben in der Klinik schwer anpassen – wird auch die Erlaubnis zu einem Besuch gegeben, wenn der Arzt sicher ist, daß es sich bei den Besuchern um vernünftige, ruhige Menschen handelt, die sich nur um ihre eigene Katze kümmern und nicht noch andere Patienten in Aufregung versetzen.

Alle Tiere, selbstverständlich auch unsere sensiblen Katzen, sehnen sich nach den ihnen vertrauten Menschen und der gewohnten Umgebung; allein, es ist bewiesen, daß sie keinen eigentlichen Zeitbegriff haben. So kann man der kranken Katze beispielsweise nicht klarmachen, daß ihr Besitzer, der sie gerade besucht hat, bald zurückkehren wird; sie grämt sich daher nach jedem Besuch von neuem und jedesmal mehr, wenn ihre Leute ohne sie weggehen.

Aus diesem Grund entsagen viele erfahrene Katzenbesitzer freiwillig dem Wunsch, ihren Liebling in der Klinik zu besuchen. Es ist auch unerwünscht, der Katze ihr Deckchen, ihre Futterschüssel und ihre Lieblingsspielsachen in die Klinik mitzugeben. Das Pflegepersonal sieht diese Gegenstände mit Recht als eventuelle Ansteckungsträger an und gibt sie nicht der Katze, sondern befördert sie in den Desinfektionsraum. Der Besitzer muß so einsichtig sein, anzuerkennen, daß in einer Tierklinik jede Übertragungsmöglichkeit ansteckender Krankheiten mit derselben Strenge unterbunden werden muß wie in den für Menschen bestimmten Krankenhäusern. Hier wie dort sind alle für die Kranken notwendigen Gebrauchsgegenstände aus Material, das sich leicht desinfizieren läßt, weil man sich der ständigen Gefahr der Infektion bewußt ist.

Nachdem ich viele Versuche angestellt habe, welche Unterbringung für unsere Patienten in den verschiedenen Stadien ihrer Krankheit und Rekonvaleszenz die günstigste ist, bin ich zu dem Resultat gekommen, daß es am besten ist, stets einen Katzen- und einen Hundekäfig im Wechsel nebeneinander anzuordnen. Die Ansteckungsgefahr ist nachgewiesenermaßen bei diesem System um 75 Prozent geringer, als wenn nur Katzenkäfige nebeneinander placiert werden. Die Katzen sind zwar anfangs beunruhigt durch die Nähe der Hunde, beruhigen sich dann aber schnell.

In den USA – teilweise auch in anderen Ländern – werden den Kliniken vielfach Pensionen für gesunde Hunde und Katzen angegliedert. Auch wenn man beide Anlagen streng voneinander trennt, halte ich dieses nahe Beieinander nicht für richtig, weil es der erhöhten Kosten wegen kaum je möglich ist, für beide Institutionen eigenes Wartepersonal zu halten. Selbst bei größter Vorsicht ist es unter solchen Umständen kaum zu vermeiden, daß ansteckende Krankheiten auf die gesunden Tiere in der Pension übertragen werden. Aus diesem Grunde rate ich immer, gesunde Katzen nur in Pensionen unterzubringen, die keine kranken Tiere aufnehmen, und für alle Fälle eine vorbeugende Impfung vornehmen zu lassen, denn trotz sorgfältigster Desinfektion können immer Krankheitskeime eingeschleppt werden. Am allerbesten aber ist es, wenn Sie – sofern Sie verreisen und ihre Katze zurücklassen müssen – jemanden anstellen können, der täglich einmal nach Ihrer Katze sieht und sie während Ihrer Abwesenheit pflegt. Sie kann dann im Hause in ihrer gewohnten Umgebung bleiben, wo sie sich sicher wohler fühlt als in der besten Pension. Katzen sind recht gut imstande, sich ihr Futter einzuteilen; somit können sie ruhig übers Wochenende, ja sogar für eine längere Periode allein gelassen werden, wenn jemand täglich einmal für ihr Futter, für frisches Wasser und die Säuberung des Sandkästchens sorgt.

In der einer Tierklinik angeschlossenen Pension kommt der leitende Arzt kaum dazu, sich um die gesunden Pensionsinsassen zu kümmern, weil er übergenug mit den kranken Tieren in der Klinik und in seiner Sprechstunde zu tun hat.

In der Sprechstunde muß er vor allem die meistens sehr ängstlichen Besitzer der Patienten beruhigen, ihre Berichte über die Entstehung und Entwicklung der Krankheiten ihrer Lieblinge anhören, die Diagnose stellen und dann seine Anordnungen treffen, was zu geschehen hat.

Gewöhnlich ist es, ehe die erfolgversprechende Therapie angeordnet werden kann, nötig, vermittels einer Urinuntersuchung, eines Blutbildes und einer Kotuntersuchung im Laboratorium ein genaues Bild von der Art der Erkrankung zu gewinnen. Oft ist auch eine Röntgendurchleuchtung erforderlich, als Grundlage für chirurgische Eingriffe. Auf Grund der Befunde setzt der Arzt die Behandlungsart fest, und nun werden die dafür nötigen vorbereitenden pflegerischen Zurichtungen in der für diese Zwecke vorhandenen Abteilung vorgenommen. Sollte eine ansteckende Krankheit oder auch nur ein Verdacht auf eine solche festgestellt werden, wird die betreffende Katze unverzüglich in die Isolierstation verbracht.

Der leitende Arzt kontrolliert täglich jede Abteilung der Klinik, überwacht die Behandlung, die oft sogar in stündlichen Indikationen besteht, oder nimmt sie selber vor. Daneben obliegt ihm die oft sehr zeitraubende Unterrichtung des Besitzers über das Befinden seiner genesenden Katze und über die Behandlung, die ihr zuteil werden muß, wenn sie wieder ins Haus genommen wird, ehe sie ihre volle Gesundheit erlangt hat.

Bei einem Klinik-Aufenthalt werden außer den Kosten für

die ärztlichen Bemühungen auch Pflege- und Verpflegungsgebühren in Rechnung gestellt, außerdem etwaige Sonderleistungen. Haben sich der leitende Arzt und seine Klinik einen besonders guten Ruf erworben, so sind die Ansätze natürlich höher als sonst.

Bedauerlicherweise gibt es meines Wissens noch nirgendwo eine Krankenversicherung für Katzen. Jeder Katzenhalter muß sich daher selbst Rechenschaft darüber ablegen, wie weit seine Mittel es erlauben, für seine Katze zu sorgen, und es ist empfehlenswert, *vor* Beginn der Behandlung offen mit seinem Tierarzt dieses Problem zu besprechen. Dadurch erspart man sich unliebsame Überraschungen.

In den USA kann man bei der »Animal Insurance Company of America« eine Lebensversicherung für seine Katze abschließen. Solche Tierversicherungsgesellschaften existieren auch in anderen Ländern. Die Tierärzte wissen darüber Bescheid. Die Prämien richten sich nach der Höhe des verlangten Sterbegeldes. Bei uns müssen alle versicherten Katzen durch anerkannte Tierärzte ausgestellte Gesundheitsatteste vorweisen. Zur Identifizierung dient der Versicherungsgesellschaft ein Nasenabdruck der Katze. Die beste Versicherung ist und bleibt jedoch die vorsorgliche, liebe- und verständnisvolle Betreuung des Tieres durch den Besitzer selbst und durch den von ihm gewählten Tierarzt.

Diese Fürsorge sollte stets mit den beiden wichtigsten vorbeugenden Maßnahmen beginnen: der prophylaktischen Impfung gegen Staupe usw. und dem Kastrieren, beziehungsweise Sterilisieren der Katze im richtigen Zeitpunkt. Beide Maßnahmen gehören an die Spitze der Liste der hauptsächlichsten medizinischen Probleme, die bei einer Katze auftreten können und die wir nun besprechen wollen.

Prophylaktische Impfungen Jedes junge Kätzchen sollte im Alter von spätestens drei Monaten gegen Lungenentzündung und Staupe geimpft werden. Wenn die Katze ins Ausland reist, sollte sie überdies gegen Tollwut geimpft werden, da dies in vielen Ländern gesetzlich vorgeschrieben ist. In Anbetracht dessen, daß sich nicht geimpfte Katzen sehr häufig eine Ansteckung zuziehen und ihrem Eigentümer dadurch Sorgen und hohe Kosten verursachen, ist die Ausgabe für diese drei Impfungen wirklich geringfügig.

Staupe ist der »Katzentod Nr. 1«. Katzenstaupe ist nicht dasselbe wie Hundestaupe. Auch werden Katzen nicht von staupekranken Hunden, sondern von anderen Katzen angesteckt, desgleichen durch Personen oder Gegenstände, die mit staupekranken Katzen in Berührung gekommen sind. Fast stets verläuft diese böse Seuche tödlich.

Die Symptome sind sehr schwer zu erkennen, da sie denen anderer Katzenkrankheiten täuschend ähneln, so daß leicht eine Verwechslung eintreten kann. Beispielsweise kann die Katze völlig gesund erscheinen und dann ganz plötzlich sterben. In anderen Fällen verweigert sie das Fressen, bekommt Durchfall; Augen und Nase sind verklebt; sie erbricht und hat hohe Temperatur, was allerdings nicht immer ein Symptom ist. Junge Kätzchen werden sichtlich elend und gehen in 12 bis 36 Stunden ein, während es bei älteren Katzen oft länger dauert. Leider bleiben Häuser und Bauernhöfe, in denen Katzen an Staupe eingegangen sind, für sehr lange Zeit Ansteckungsherde, wenn sie nicht gründlich – bis in den letzten Winkel – desinfiziert werden. Selbst dann besteht noch eine gewisse Gefahr, daß sich neu aufgenommene Katzen anstecken. Die Behandlung der üblen Seuche ist langwierig und kostspielig, überdies gelingt sie nur in Ausnahmefällen. Daher kann nur immer wieder dringend geraten werden, die vorbeugende Staupe-Impfung vornehmen zu lassen.

Lungenentzündung Die häufigste von mehreren die Katze befallenden Krankheiten der Atmungsorgane ist die ansteckende Lungenentzündung. Sie kann ebenfalls durch eine vorbeugende Impfung verhütet werden, wenn auch nicht hundertprozentig sicher. Sie wird durch einen Virus hervorgerufen und meistens von Katze zu Katze übertragen, jedoch auch von Personen, die mit infizierten Katzen umgegangen sind.

Die ersten Symptome ähneln denen einer schweren Erkältung. Niesen ist meistens das auffälligste Zeichen. In der Folge beginnen dann Augen und Nase zu laufen. Die meisten Katzen, die rechtzeitig zum Tierarzt gebracht werden, überwinden die Krankheit in einem Monat. Etwa 5% der Fälle gehen jedoch tödlich aus, weil die Patienten jede Nahrungsaufnahme verweigern. Die am besten in der Klinik vorzunehmende Behandlung besteht meistens in Vaccine-Impfung, auch nach bereits eingetretener Erkrankung, da das Lungenentzündungs-Serum sowohl zur Vorbeugung als auch zur Behandlung wirksam ist.

Katzen können die Tollwut bekommen. Da die meisten Katzen in Wohnungen gehalten werden, können sie sich an Tollwut nicht so leicht anstecken wie Hunde. Wenn es jedoch geschieht, verläuft die Krankheit ohne Ausnahme tödlich. Und leider übertragen die Katzen, bevor sie zugrunde gehen, die Tollwut nur zu leicht auf Menschen oder andere Tiere. Wenn man bedenkt, wie ungemein gefährlich die Tollwut auch für Menschen ist, sofern die Behandlung nicht sogleich nach der Infektion erfolgt, sollte man seine Katze unbedingt vorbeugend gegen Tollwut impfen lassen, wenn auch nur die geringste Möglichkeit besteht, daß sie sich damit anstecken könnte, besonders vor Reisen ins Ausland.

Kastrieren und Sterilisieren Auf den Zweck und die Bedeutung dieser Maßnahmen wurde schon früher hingewiesen. Beim heutigen Stand der Veterinärmedizin sind beide Operationen, die unter Vollnarkose erfolgen, längst zur Routine geworden und nicht schwerwiegender als das Zahnziehen. Bei der Kätzin entfernt man die Gebärmutter und die Eierstöcke und nennt dies »Sterilisation«. Beim Kater werden die Hoden entfernt, und man spricht von »Kastration«. Wenn man diese einfache Operation nicht vornehmen läßt, ist es zeitweilig mehr als unerfreulich, eine Katze im Haus zu halten, denn ganz gleich ob Kätzin, ob Kater: während der Paarungszeit, die zweimal im Jahr eintritt, wird ihr Gebaren unerträglich, sofern man sie nicht ins Freie läßt. Der nichtkastrierte Kater zum Beispiel springt durch geschlossene Fenster, klettert an den Vorhängen empor, jault, kratzt und kämpft wie verrückt um seine Freiheit. Außerdem vergießt er im ganzen Haus seinen Urin, was für empfindliche Menschen ekelerregenden »Katzengeruch« erzeugt. Daraufhin wird das Haus oder die Wohnung zum Mekka für alle herumstreifenden Katzen der Nachbarschaft, die sämtlich bemüht sind, den besagten »Duft« in Torwegen, Treppen und Fluren nach Kräften zu verstärken. Alle diese unausweichlichen, unschönen Begleitumstände des starken Geschlechtstriebs verschwinden durch die Kastration, die deshalb für den Katzenhalter, der nicht züchten will, geradezu eine Erlösung bedeutet.

Bei der weiblichen Katze liegen die Dinge ganz ähnlich. Sie schreit während der Paarungszeit unaufhörlich, und sogar sonst sehr sanfte Kätzinnen werden in dieser Zeit so wild und wütend, daß es kaum möglich ist, sie eingesperrt zu halten. Man bedenke, daß dieser Zustand vom sechsten Lebensmonat an jährlich zweimal eintritt und jeweils 15 bis 21 Tage dauert. Sobald die Katze geschlechtsreif wird, kann sie dann jedes Jahr zwei (manchmal sogar drei) Würfe zur Welt bringen. Das bedeutet nicht nur für sie selbst eine Plage, sondern auch für den Besitzer, denn so viel Katzenliebhaber gibt es gar nicht, um all diesen Segen unterzubringen. Wer seine Katze lieb hat, sollte es daher nicht versäumen, sie sterilisieren zu lassen, ausgenommen im Fall, daß man züchten will.

Da die sterilisierte Kätzin in keiner Weise gesundheitliche Nachteile erleidet, vielmehr den Vorteil hat, keine Jungen mehr in die an und für sich schon an Katzenüberfluß leidende Welt zu setzen, ist die Operation von jedem Blickpunkt aus gesehen als ein Segen zu bezeichnen. Überdies – auch das sollte man bedenken – kann die Katze dann keine Krankheiten der Gebärmutter mehr bekommen.

Beide Geschlechter bleiben gesünder und leben länger, wenn man sie kastrieren beziehungsweise sterilisieren läßt, sind im Haus ungleich angenehmer zu halten und machen ihre Besitzer dadurch wesentlich glücklicher.

Entfernen der Krallen Einer Katze, die ausschließlich im Hause gehalten wird, die Krallen an den Vorderpfoten operativ entfernen zu lassen, ist – wie ich schon früher sagte – ebenfalls ein Eingriff, der dem Besitzer viel Ärger und Tränen ersparen kann. Die Operation ist zwar verhältnismäßig neu, aber völlig ungefährlich. Sie kann gleichzeitig mit der Sterilisation beziehungsweise Kastration in derselben Narkose vorgenommen werden. Die Vorteile für die Polstermöbel des Besitzers liegen auf der Hand, und die Katze wird durch das Entfernen der vorderen Krallen in keiner Weise behindert; nur klettern kann sie nicht mehr. Da die Krallen an den Hinterpfoten belassen werden, kann sie sich noch sehr gut verteidigen, wenn das bei einer im Hause gehaltenen, wohlüberwachten Katze jemals nötig werden sollte. Dagegen sind nun Erwachsene und Kinder vor gelegentlicher Kratzlust sicher, selbstverständlich auch vor dem ab und zu durch solche Kratzwunden verursachten »Kratzfieber«. Man hat zwar früher behauptet, diese Krankheit gebe es nicht, doch ist im »Journal der Amerikanischen Medizinischen Gesellschaft« der Nachweis erbracht worden, daß sie tatsächlich zuweilen von vollständig gesunden Katzen hervorgerufen werden kann. Das »Katzenkratzfieber« ist eine Lymphdrüseninfektion.

Da die nervöse Katze möglichst selten narkotisiert werden sollte, empfiehlt es sich, Krallenoperationen stets gleichzeitig mit der Sterilisation oder Kastration vorzunehmen.

Was gegen Herpes tonsurans zu tun ist Die Behandlung dieser Hautflechte sollten Katzenhalter niemals selber vornehmen, weil sich diese überaus leicht auf den Menschen überträgt. Aus

diesem Grunde muß man die Katze auch sorgsam überwachen, damit man die Krankheit sogleich bemerkt. Sobald der wachsame Katzenbesitzer an seinem Tier eine kahle runde Stelle im Fell entdeckt, an der die Haut entzündet, verdickt, rauh und grindig ist, darf er nicht eine Stunde zögern, den Tierarzt aufzusuchen. Waschen Sie sogleich gründlich Ihre Hände, nachdem Sie die Katze angefaßt haben, und bringen Sie das kranke Tier dann sofort in die Klinik. Dort kann die sich sehr schnell ausbreitende Krankheit zum Stillstand gebracht werden, bevor ein Mitglied der Familie angesteckt worden ist.

Bei Katzen zeigen sich die kreisrunden Flecken, von denen die Hautkrankheit ihren Namen hat, meistens zuerst an den Beinen, dem Kinn, den Ohren oder den Nasenlöchern, bei Menschen im Gesicht, auf dem Kopf, an den Händen, oder wo immer sie in Berührung mit der Katze gekommen sind. Die Spezialbehandlung, die sowohl beim Menschen wie bei der Katze vorgenommen werden muß, ist in schweren Fällen sehr kostspielig. Deshalb sollten Sie nicht eine Minute versäumen, sondern beim leisesten Verdacht unverzüglich Ihren Hausarzt und Ihren Tierarzt aufsuchen. Das neueste Medikament gegen Herpes tonsurans heißt »Griseofulvin« und wird eingenommen.

Wenn die Katze »Würmer« hat Junge Kätzchen leiden sehr oft unter starkem Wurmbefall. Es gibt da mehrere Parasiten, wie Bandwürmer und Spulwürmer, die die Katze schwächen und deren Toxine sie vergiften, so daß nicht selten der Tod die Folge ist, wenn nichts dagegen getan wird. Symptome sind anhaltender Durchfall, gefolgt von Verstopfung, ständig laufende Augen, stumpfes Fell, gelegentlicher Heißhunger wechselnd mit Appetitlosigkeit, Abgeschlagenheit und Verlust an Gewicht. Die Würmer werden oft von der Mutter auf die Jungen übertragen, so daß der ganze Wurf befallen ist. Auch kann der Aufenthaltsort wurmverseucht sein, oder die Kleinen nehmen Wurmeier durch Beschnuppern infizierten Kots auf.

Spulwürmer werden oft erbrochen; Bandwurmglieder findet

man im Stuhl oder am After. Die Behandlung bleibt dem Tierarzt überlassen.

Behandlung von Knochenbrüchen Die Heilung gebrochener Gliedmaßen ist heutzutage dank großer Fortschritte in der Technik, den gebrochenen Knochen in Ruhestellung zu bringen, sowie dank der modernen orthopädischen Maßnahmen in sehr viel kürzerer Zeit möglich als früher. Auch bleiben bei der Behandlung nach modernen Methoden kaum je noch Deformationen zurück, so daß die Katze ihre gewohnte Beweglichkeit nicht einbüßt. Mit neuen Arten von Nägeln, Kunststoffsplittern, Stiften, Knochenplatten, Schrauben und sogar Keilen vermag der Arzt in unseren Tagen auf diesem Gebiet wahre Wunderdinge zu vollbringen, und zwar im Gegensatz zu früher in verhältnismäßig kurzer Zeit.

Der Aufenthalt in der Klinik dauert bei Knochenbrüchen heute gewöhnlich zehn Tage bis drei Wochen; es kommt darauf an, wie schwer und kompliziert der Bruch ist und wie lange der Knochen zur Heilung braucht.

Gefährliche Urin-Verhaltung Wenn eine Katze nicht in der gewohnten Weise Urin lassen kann, ist stets Gefahr im Verzug, weil dadurch eine Urinvergiftung eintreten kann. Nach der Statistik werden von diesem Übel zur Hauptsache kastrierte Kater betroffen, vielleicht weil viel häufiger Kater kastriert als Kätzinnen sterilisiert werden, vielleicht aber auch, weil die Harnröhre der Kätzin kürzer und breiter ist. Jedenfalls kommt diese Erkrankung bei unserer Hauskatze sehr häufig vor, und der Besitzer tut gut daran, dann sofort den Tierarzt aufzusuchen.

Die Veterinärmedizin beschäftigt sich stark mit diesem Problem, einesteils im Hinblick auf eine wirkungsvolle Behandlung, vor allem aber, um eine Vorbeugungsmethode auszuarbeiten. In der Praxis wenden wir unterschiedliche Verfahren an, die einen bei Katzen mit gelegentlichen oder chronischen Schwierigkeiten, die anderen bei solchen, die auf Medikamente nicht mehr ansprechen. Gemeinverständlich ausgedrückt, handelt es sich darum, die Harnröhre, die von der Blase zum Ausgang führt, ganz oder teilweise durch einen künstlichen Gang zu ersetzen. Bei Katern muß vor allem die lange, enge Spitze der Harnröhre, die die hauptsächlichste Ursache der Blockierung ist, ersetzt werden. Derzeit gelingt diese Operation nur in 50% der Fälle, weil die Methode noch in den Anfängen steckt und weil man die eigentliche Ursache dieser bei Katzen so weitverbreiteten Krankheit noch nicht kennt.

Einiges über Katzen-Kinderkrankheiten Die hauptsächlichsten Kinderkrankheiten kleiner Kätzchen, die nicht zu Hause behandelt werden können, sind: Knochenerkrankungen, Lungenentzündung, Staupe, infektiöse Anämie, Hautkrankheiten, Parasitenbefall.

Parasitenbefall oder Coccidiose ist besonders bei auf der Straße aufgelesenen oder in Tierhandlungen gekauften Kätzchen sehr häufig. Die Symptome sind: ruppiges Aussehen, Magerkeit, stumpfes Fell, schlaffe Eingeweide und eine Prädisposition für Lungen- und Leberentzündung.

Eine gleichfalls häufige Krankheit kleiner Kätzchen, die der Besitzer unter ärztlicher Aufsicht selbst behandeln kann, ist Rachitis oder Knochenweiche, hervorgerufen durch mangelhafte oder falsche Ernährung. Dem besonders guten, gehaltvollen Futter rachitischer Jungtiere müssen Kalk, Phosphor und Vitamin D in vom Arzt verordneter Dosierung beigefügt werden. Dadurch läßt sich die eine Mangelerscheinung darstellende Krankheit gewöhnlich beheben.

Etwas ältere Katzen können von zwei anderen Knochenkrankheiten befallen werden, der Kyphosis, die daran zu erkennen ist, daß das Rückgrat der Katze die Form eines Bogens beziehungsweise Buckels annimmt, und die Lordosis, bei der das Rückgrat sich senkt. Wenn der Besitzer diese Anzeichen bemerkt, muß er ungesäumt den Arzt aufsuchen, der auf Grund des Röntgenbildes die entsprechende Behandlung vornehmen kann.

Krankheiten alter Katzen Häufig bei älteren oder alten Katzen festgestellte Erkrankungen sind:

1. *Chronische Verstopfung.* Die Behandlung erfolgt mit Öl oder weißer Vaseline.
2. *Chronisches Ekzem.* Kann nicht geheilt, sondern nur gelindert werden, und zwar durch Behandlung mit Salben.
3. *Altersbedingte Nierenerkrankung.* Diät mit wenig Eiweiß.
4. *Bauchspeicheldrüsenschwäche.* Enzymgaben nötig.
5. *Leberentartung.* Behandlung durch Medikamente, die Fettverdauung fördern.
6. *Tumore* können mit Erfolg behandelt werden, wenn sie nicht bösartig sind oder sich rapid vermehren.
7. *Anämie* erfordert Behandlung in der Klinik.
8. *Zuckerkrankheit* wird mit Insulin behandelt.
9. *Zahnfleischerkrankungen und Zahnfäule*, beispielsweise Zahnstein, Gingivitis, Pyorrhöe. Zahnbehandlung durch den Tierarzt.

Wenn die Katze sieben Jahre und älter wird, ist zu beachten, daß auch zeitweilige Unpäßlichkeiten Anzeichen der eben genannten ernsten Krankheiten sein können. Sowie sich diese Anzeichen wiederholen, müssen Sie den Tierarzt um Rat fragen.

Bluttransfusion bei Katzen Das ist eine der jüngsten, umstrittensten, nach meiner Meinung aber segensreichsten Methoden der modernen Veterinärmedizin, weil die Blutübertragung vielen Katzen, die sonst verloren wären, das Leben retten kann. Es fehlt jedoch noch an Blutspendern und folglich an Blutkonserven für Notfälle, was gebessert werden muß. Da 95% der Katzen derselben Blutgruppe angehören, liegt die Sache einfacher als beim Menschen. Nach meiner Erfahrung ist die Direktübertragung von einer narkotisierten, gesunden Katze auf die kranke das beste Mittel, doch werden auch Blutkonserven mit Erfolg angewendet. Im Durchschnitt kann man einer Katze, ohne ihr Schaden zuzufügen, in Abständen von etwa drei Wochen je 60 cm^3 Blut abzapfen, großen Katzen sogar bis zu 75 cm^3. Gegenwärtig werden bei uns Versuche gemacht, Hundeblut auf Katzen zu übertragen. Der Weg scheint gangbar, doch sind die Untersuchungen noch im Gange.

Durch Anwendung der neuen Antibiotika und der Bluttransfusion können heute in den veterinärmedizinischen Kliniken viele Katzenkrankheiten und Verletzungen geheilt werden, die früher unweigerlich zum Tode führten. Voraussetzung ist dabei selbstverständlich immer, daß die Katze schnell genug zum Tierarzt gebracht wird. Tatsächlich hat sich durch die stürmischen Fortschritte der Veterinärmedizin die bis jetzt durchschnittlich etwa 15 Jahre betragende Lebenserwartung der Katze bereits um mehrere Jahre verlängert, genau wie die Lebenserwartung ihres Besitzers dank der Fortschritte der Humanmedizin beträchtlich verlängert worden ist.

Da in der Veterinärmedizin immer mehr Mittel zur Erforschung weiterer Gebiete eingesetzt werden, andererseits aber auch viel getan wird zur Aufklärung des Publikums, schreitet die Tierheilkunde auch schneller voran als zu jeder anderen Zeit ihrer Geschichte. Aber der ganze Fortschritt nützt nicht viel, wenn sich nicht Menschen finden, die bereit sind, sich der kranken Tiere anzunehmen. Leider gibt es deren immer noch zu wenig. Besonders die Tierärzte und Tierkliniken in dichtbesiedelten Gegenden und Städten benötigen dringend Assistenten, Pflegepersonal und Helfer. Wichtig ist vor allem, daß diese Menschen tierliebend sind, ganz besonders im Hinblick auf die Pflege und Behandlung der nervösen Katzen, die meist die schwierigsten Patienten darstellen. Bei uns werden geduldige, einsatzbereite Helfer dieser Art überall gesucht, um die meist überbeanspruchten Tierärzte zu entlasten. In andern Ländern würden viele Tierärzte sicher auch für solche Helfer dankbar sein. Es gibt überall einsame Menschen, die einen neuen Lebensinhalt finden könnten, wenn sie sich dieser Aufgabe widmen würden. In diesem Zusammenhang möchte ich eine Frau erwähnen, die vielen meiner Katzenpatienten Tag und Nacht Pflege angedeihen läßt, so daß deren Besitzer dann völlig wiedergenesene Tiere aus der Klinik abholen können. Ihr unscheinbarer Name ist Helen Smith. Man könnte sie als »Katzen- und Hunde-Sitter« bezeichnen, denn diese Tätigkeit betrachtet sie als ihren Hauptberuf, obwohl sie bei einem großen Modehaus als Schnittmuster-Zeichnerin angestellt ist. Ich traf Frau Smith zum ersten Mal im Jahre 1947 auf einer Bank im großen Zentralbahnhof von New York, wo sie ein schreiendes, verlassenes Kätzchen zu trösten versuchte, das sie gerade gefunden hatte. Bald darauf betätigte sie sich in meiner Klinik als »Nachtschwester«, weil sie ihrer Ansicht nach ein typischer »Nachtmensch« ist. Mit anderen Worten: In den Nachtstunden ist sie besonders empfindlich für jeden Schmerzenslaut unserer Patienten. Und dadurch hat sie, wie ich wohl weiß, schon mancher schwerkranken oder verletzten Katze das Leben gerettet, weil sie bei ihr ausharrte, ihr Medizin eingab und sie tröstete.

So eine Helen Smith sollte jeder überbeanspruchte Tierarzt haben. Denn der Mann, der leidende Tiere betreut, ist – was nur wenige Tierhalter richtig begreifen – auch nur ein Mensch, und sein Tag hat auch nur 24 Stunden. Auf alle Fälle ist er kein Zauberer und gewöhnlich auch kein geschulter Psychologe, was ihn instand setzen würde, nebenher die verstörten Katzenbesitzer zu behandeln. Auch Wunder vermag er nicht zu vollbringen, sondern er muß sich darauf verlassen, daß sich seine Klienten genau an seine Anordnungen halten, um ihren Katzen unnötige Leiden zu ersparen. Leider geschieht das häufig nicht. Vielmehr werden die Vorschriften und Ratschläge der Tierärzte zum Schaden der kranken Vierbeiner oft jämmerlich mißachtet. Es gehört sich daher für jeden einsichtigen Katzenhalter, daß er sich bemüht, den Tierarzt seiner Wahl zu verstehen und seine Maßnahmen nach Kräften zu unterstützen – zum Besten der Katze, die ja im Mittelpunkt steht.

Vom Tierarzt und seinen Nöten

Wenn der durchschnittliche Tierarzt nicht ein geborener Optimist wäre, der ständig in der Hoffnung lebt, dem vorbildlichen Tierhalter zu begegnen, dann – sagen wir es offen – wäre er nicht Tierarzt geworden! Er wäre vielleicht Transportarbeiter geworden, Trapezkünstler oder Holzhauer, Springreiter oder Berufstaucher – größere Anstrengungen wie als Tierarzt hätte er in diesen Berufen wohl kaum zu überstehen brauchen . . . Auch würde er beispielsweise als Angestellter eines Reisebüros sicher nicht mehr Fragen beantworten müssen als ein Tierarzt tagaus, tagein . . .

Es ist nun einmal so, daß ein Tierarzt, nachdem er einen nicht eben kurzen Teil seines Lebens damit zugebracht hat, sich die für seinen Beruf erforderlichen veterinärmedizinischen Kenntnisse anzueignen, nicht allein die Aufgabe erfüllen muß, das Leiden der stummen Kreaturen zu lindern, sondern darüber hinaus oft genug auch die Nöte der Menschen, die ihm ihre Tiere anvertrauen. Seine Belohnung ist allerdings das Bewußtsein, für sein Teil am Fortschritt der Wissenschaft mitzuarbeiten, und die Freude, oft mit gleichgesinnten und gleichstrebenden Menschen zusammen zu sein.

Natürlich sind aber keineswegs alle Tierärzte von gleicher Art, und der, den Sie sich als »Nothelfer« und Katzenbetreuer aussuchen, sollte doch unbedingt das gleiche Maß an Interesse und Einsatzbereitschaft besitzen wie Sie. Ist er beispielsweise wirklich ein Katzenfreund und hat er Verständnis für die Eigenart dieser Tiere? Ist seine Praxis für Sie in einem Notfall leicht erreichbar? Können Sie in seine medizinischen Kenntnisse vollständiges Vertrauen setzen? Ist er in jeder Beziehung gewissenhaft, oder geht er in erster Linie darauf aus, rasch viel Geld zu verdienen?

Das sind so einige Fragen, die Ihnen durch den Sinn gehen

könnten, wenn Sie im Wartezimmer eines Ihnen fremden Tierarztes sitzen, mit Ihrem neuerworbenen Kätzchen oder Ihrer alten kranken Katze im Schoß. Deshalb möchte ich hier einmal – vom Gesichtspunkt des Tierarztes aus – dem Katzenhalter sagen, was er wissen muß und wie er sich am besten verhält.

Der Tierarzt ist ein Mensch wie jeder andere, nur daß er sehr viel näher mit Tieren verbunden ist – in meinem Fall besonders mit Katzen – als mit den Menschen, die sie zu ihm bringen. Ganz im Gegenteil zu dem, was manche Tierhalter denken, besteht sein Tag – wie ich schon sagte – auch nur aus 24 Stunden wie der anderer Leute ... Er muß essen, schlafen – wenn auch nur gelegentlich –, und er muß sein Brot verdienen wie jeder gewöhnliche Sterbliche ...

Sein veterinärmedizinisches Diplom bescheinigt, daß er sein Studium mit Erfolg absolviert hat, mit dem Ziel, sein Leben den leidenden Tieren zu widmen. Hierzulande ist der Tierarzt von acht Uhr dreißig am Morgen bis Mitternacht erreichbar, und das an allen sieben Tagen der Woche. Er ist nicht wie die Spezialisten der Humanmedizin nur für eine bestimmte Art von Erkrankungen zuständig, er hält auch nicht nur Sprechstunde ab in seiner Praxis, sondern hat meistens auch noch die Leitung einer Tierklinik inne. In diesem Fall gehört es zu seinen Obliegenheiten, diese Klinik zu verwalten, ihre Diätküche zu überwachen, sich ärztlich als Geburtshelfer, Urologe, Dermatologe, Laborant, Röntgenologe, Zahnarzt, Chirurg und Orthopäde zu betätigen.

Zusätzlich hat er sich als Auskunftei am Telefon zu bewähren, als wandelndes Katzenlexikon, als Schönheitspfleger und Vertilger von Läusen und Flöhen und nicht zuletzt – als Hausfreund einsamer, sich langweilender Damen mit großen Katzenfamilien, die eisern darauf bestehen, daß er zur Katzenkrankenvisite zu ihnen kommt, obwohl sie dafür viel mehr bezahlen müssen, als wenn sie zu ihm kämen. In der Zwischenzeit muß er sich über die neuesten Forschungsergebnisse seines Arbeitsgebiets auf dem laufenden halten, oft in Katzenklubs darüber sprechen und gelegentlich auch in seinem Büro den Rechnungsführer machen. Somit sollten Sie es Ihrem Tierarzt nicht übelnehmen, wenn er sich bei Ihrem Besuch in seiner Sprechstunde nicht auf eine lange Plauderei einlassen kann über die Possen, die Ihre Katze reißt, ihre Schwächen und Krankheitssymptome und Ihre lustigen Erfahrungen als Katzenhalter. Ziehen Sie stets in Betracht, daß er ein stark überlasteter Mann ist! Seine Aufgabe ist es, Ihre kranke Katze zu kurieren, und er ist willens, jederzeit die dafür nötige Zeit zu opfern. Gerade deshalb muß er aber mit seiner Zeit haushalten, und zwar um so sorgsamer, je besser sein Ruf ist und je mehr kranke Tiere ihm gebracht werden. Logischerweise vermag er sich dann um so weniger mit Ihren privaten Angelegenheiten zu befassen.

Die Hauptschwierigkeit im Umgang des Tierarztes mit seinen Klienten besteht in der meist mangelhaften Schilderung der Krankheitssymptome. Sie werden verdreht, übertrieben oder verniedlicht; unwichtige Dinge werden betont, wichtige weggelassen, so daß ein ganz verkehrtes Bild entsteht. Statt wortreiche laienhafte Erklärungen zu geben, ist es weit besser, die Fragen des Tierarztes kurz und präzis zu beantworten, damit er alles erfährt, was er wissen muß. Dagegen sollten Sie ihn nicht gleich dadurch in seiner Berufsehre kränken, daß Sie – wie es häufig geschieht – erklären: »Ich habe eigentlich auf Grund meiner Erfahrungen kein Vertrauen zu Tierärzten; aber ich dachte, bei Ihnen könnte ich es noch mal versuchen ...« Wenn Sie wirklich kein Vertrauen zu dem betreffenden Arzt haben, sollten Sie gar nicht zu ihm gehen, denn dann können Sie nicht in der rechten Weise zum Wohl Ihrer kranken Katze mit ihm zusammenarbeiten. Deshalb sollten Sie vorweg zusehen, daß Sie durch die Empfehlung von Ihnen befreundeten Katzenhaltern oder eines Katzenklubs an den richtigen Mann kommen, an dem sie nichts auszusetzen finden. Ziehen Sie entsprechende Erkundigungen ein, so achten Sie besonders auf einen Punkt: ob der betreffende Arzt nach Meinung der Gewährsleute seinen Beruf rein geschäftsmäßig oder aus *Berufung* betreibt. Das merken die Klienten rasch. Ein solcher Arzt wird Ihnen nicht nach dem Munde reden, aber was er verordnet, wird sinnvoll sein. Seine Angaben werden sich nicht widersprechen, und seine Behandlung wird auch Erfolg haben, sofern das nach Lage der Sache überhaupt möglich ist.

Mag aber ein Tierarzt noch so warm empfohlen und allgemein für seine Tüchtigkeit bekannt sein – eines dürfen Sie trotzdem nicht von ihm erwarten: daß er auf der Stelle ein Wunder vollbringt. Möglicherweise kann er nicht einmal sogleich eine genaue Diagnose stellen, was Ihrer Katze fehlt, obwohl Sie ihm die von Ihnen beobachteten Symptome genannt haben.

Gerade der Umstand, daß er nicht sofort eine Antwort parat hat, obwohl er bereits vermutet, welche Krankheit vorliegt, ist ein Beweis dafür, daß er ein besonders gewissenhafter Arzt ist. Und es ist keineswegs ein Grund, ihm zu mißtrauen und zu denken, er wäre ein Scharlatan – nur darauf aus, Ihnen eine hohe Rechnung zu stellen –, wenn er erklärt, daß eine korrekte Diagnose erst auf Grund bestimmter Untersuchungen möglich ist, die im Laboratorium angestellt werden müssen.

Tatsächlich kann bei einer vorschnellen Antwort sehr leicht ein Irrtum unterlaufen, es sei denn, es handle sich um ein Krankheitsbild, das auf den ersten Blick unmißverständlich klar liegt. Ist das nicht der Fall, so kann auch der tüchtigste Arzt keine einwandfreie Diagnose stellen, bevor er den Befund der Untersuchungen in Händen hat. Und eine einwandfreie Diagnose der Krankheitsursachen ist die Voraussetzung für eine erfolgversprechende Behandlung.

Aus diesem Grunde sollten Sie seinen Rat befolgen, wenn er Labortests und einen Aufenthalt in der Klinik für notwendig hält. Sie können sicher sein, daß das ein billigerer Weg ist, eine kranke Katze zu behandeln, als auf eigene Faust teure Mittel in der Apotheke zu kaufen, die bestenfalls schmerzstillend wirken, aber das eigentliche Übel nicht beheben, sondern es derweil seinem vielleicht tödlichen Höhepunkt entgegengehen lassen.

Ich nehme an, daß Sie sich praktischerweise einen Tierarzt aussuchen, der in Ihrer Nähe wohnt. Das erspart Ihnen Zeit, Verdruß und Fahrkosten, besonders wenn einmal ein Notfall eintritt. Ich kenne allerdings auch Fälle, in denen Katzen über unglaublich weite Strecken mit dem Flugzeug zu für eine bestimmte Krankheit als besonders erfolgreich bekannten Spezialisten befördert worden sind. Eine in meiner Nähe wohnende reiche englische Dame, die ich hin und wieder sehe, fliegt zweimal im Jahr hauptsächlich ihrer an Arthritis leidenden Katze wegen zu einem Spezialisten nach London. Und eine meiner Klientinnen, eine berühmte italienische Filmschauspielerin, bringt, wenn es ihre Filmverpflichtungen irgend erlauben, ihre Siamesenkatzen von Rom zur Behandlung mit zu mir.

Ich habe schon mehrfach betont, daß die meisten Katzen sehr schwierig zu behandeln sind. Einige werden in einem fremden Behandlungszimmer geradezu wild, und es bedarf großer Geschicklichkeit, sie zum Beispiel zu narkotisieren, bevor sie sich selbst wehtun oder den Arzt verletzen. Auf der Straße aufgelesene streunende Katzen sind häufig überhaupt nicht zu behandeln, da sie jeder Berührung widerstreben und sich wie kleine Raubtiere gebärden.

Oft dauert es Jahre, bis Klinikhelfer und Operationsassistenten für den Umgang mit erschreckten oder schwer verletzten Katzen ausreichend geschult sind, so daß sie mit ihnen auch in schlimmen Fällen fertig werden. Aus diesem Grunde lehnen manche Tierärzte die Behandlung von Katzen prinzipiell ab, und das ist durchaus verständlich. Daher sollten Sie, wenn Sie einen Tierarzt zum ersten Mal aufsuchen, stets vorher fragen, wie er zur ärztlichen Betreuung von Katzen eingestellt ist. Wenn er unbestimmt lächelt, unentschlossen den Kopf schüttelt oder bei dem bloßen Gedanken gar blaß wird, kann man den Schluß ziehen, daß er sich normalerweise ausschließlich mit Hunden oder vielleicht auch nur mit Großtieren beschäftigt. Auf alle Fälle gehören Katzen nicht zu seinen gerngesehenen Patienten, und Sie tun besser, an einer anderen Tür anzuklopfen.

Ein Veterinär mit besonderer Vorliebe für Katzen faßt sie mit ungleich verständnisvollerer Hand an und ist duldsam bezüglich der nie ganz vorherzusehenden Reaktionen dieser heiklen Patienten. Wahrscheinlich hat er schon von Kindesbeinen an eine Vorliebe für Katzen und infolgedessen besonders herzliche Beziehungen zu ihnen und dem Menschentyp, der Katzen liebt. Wenn er sowohl Ihnen wie Ihrer zitternden Katze Zutrauen einflößt, dann sind Sie an den richtigen Mann geraten. Bleiben Sie bei ihm, denn er wird, von Ihrem Vertrauen gestützt, alles für die Katze tun, was irgend in seinen Kräften steht. Doch vergessen Sie nicht, wenn er eine langwierige Behandlung für nötig hält, *vorher* die Kosten mit ihm zu besprechen; dann kann es nicht nachträglich zu einer Verstimmung zwischen Ihnen kommen. Der verantwortungsbewußte Tierarzt schätzt Leute, die freimütig die Geldfrage mit ihm diskutieren, denn dann ist er wenigstens einigermaßen sicher, daß er nachher keine ungerechtfertigten Klagen anhören muß. Überdies kann er vielleicht bei der Behandlung hier oder da etwas einsparen, wenn Sie die von ihm genannten Kosten – sofern sie sehr hoch sind – nicht tragen können. Ist das der Fall, so sagen Sie ihm das offen. Vielleicht kann er Ihnen dann eine gemeinnützige Tierschutzorganisation nennen, die sich auf ein Gesuch hin an den Kosten beteiligt. Auf gar keinen Fall aber sollten Sie versuchen, selber mit unzulänglichen Mitteln an Ihrer Katze herumzudoktern. Bei solchen Versuchen gehen Tausende armer, kranker Tiere unter Schmerzen zugrunde. Wenn Sie Ihre Katze lieben – und das steht doch wohl außer Frage, sonst hätten Sie sich ja keine Katze angeschafft –, dann müssen auch Mittel und Wege gefunden werden, ihr zu helfen, wenn sie krank wird.

Der Tierarzt steht heute mit an vorderster Front im Kampf gegen die Vorurteile gegen Katzen und die Mißhandlungen, denen sie oft ausgesetzt sind. Er unterstützt dadurch die Tierschutzvereine und ihre vielen freiwilligen Helfer, die vor allem in Großstädten unaufhörlich bemüht sind, herrenlose Katzen auf Straßen, in Höfen, Kellern und anderen Schlupfwinkeln aufzulesen und ihnen nach Möglichkeit ein Heim zu verschaffen. Alle diese Maßnahmen sind jedoch unzulänglich, weil diese heimatlosen Streuner sich uferlos vermehren, so daß bei uns jahraus, jahrein Zehntausende in die Hände gewissenloser oder bösartiger Menschen geraten, die sie quälen, erschlagen oder sie gar als berufsmäßige Händler säckeweise für wenig Geld an Versuchslaboratorien für oft sinnlose Experimente verhökern.

Um dieses Übel an der Wurzel auszurotten, gibt es nur *ein* Mittel: Sterilisation der aufgelesenen, herrenlosen Katzen, bevor man sie in liebevolle Hände weitergibt.

Bei uns sorgen viele Tierschutzvereine für diese Maßnahme, und viele unserer Tierärzte nehmen solche Sterilisationen kostenlos vor. Das gleiche gilt für viele Katzenkliniken. In Massachusetts beispielsweise gibt es eine »Zentralklinik für kranke Katzen«, in der Findlinge für ein ganz geringes Honorar, sehr oft auch unentgeltlich, ärztlich behandelt werden, nach den mir vorliegenden Berichten monatlich jeweils an 500 Katzen, die irgendwo aufgelesen worden sind. In Chicago unterhält die »Gesellschaft zur Bekämpfung der Grausamkeit gegen Tiere« eine Klinik, die pro Jahr durchschnittlich 20 000 Findlingskatzen unentgeltlich sterilisiert, impft und in Krankheitsfällen auch bis zur Genesung pflegt. Dank dieser Bemühungen hat schon manches Katzenaschenbrödel den Weg zu einem Leben als Prinzessin in einem freundlichen Heim gefunden, statt auf der Straße in unabsehbarer Folge Junge zu produzieren, die dann zum größten Teil traurig in irgendeiner Mülltonne oder in einem Versuchslabor enden. Je mehr in dieser Beziehung geschieht, je stärker die Zahl der streunenden, von niemandem geliebten und gepflegten Katzen verringert wird, desto freundlicher sieht die Zukunft für unseren Liebling aus, desto höher wird die Katze in der allgemeinen Wertschätzung steigen.

Stichwort-Register

Verehrte Leser,
senden Sie bitte diese Karte ausgefüllt an den Verlag. Sie erhalten kostenlos unsere Verlagsverzeichnisse zugestellt.

Bitte hier abschneiden

Diese Karte entnahm ich dem Buch:

____

____

Kritik und Anregung:

____

____

____

____

____

Ich wünsche die kostenlose und unverbindliche Zusendung von

- ☐ Verlagsverzeichnis
- ☐ Katalog der Gruppe Wissenschaft
- ☐ Katalog »Goldmann Jugend Taschenbücher«

Name ______________________________

Ort ______________________________

Straße ______________________________

Ich empfehle, den (die) Katalog(e) auch an die nachstehende Adresse zu senden:

Name ______________________________

Ort ______________________________

Straße ______________________________

Aus dem Wilhelm Goldmann Verlag bestelle ich durch die Buchhandlung:

Anzahl	Titel	Preis

Name

Ort

Straße

Datum

Unterschrift

7056 · 5084 · 3.000

Bitte mit Postkarten-Porto frankieren.

Wilhelm Goldmann Verlag

8000 München 80

Postfach 800709